Mehr Europa – weniger Demokratie?

von
Prof. Dr. Hiltrud Naßmacher
Universität Oldenburg

Oldenbourg Verlag München

Bibliografische Information der Deutschen Nationalbibliothek

Die Deutsche Nationalbibliothek verzeichnet diese Publikation in der Deutschen Nationalbibliografie; detaillierte bibliografische Daten sind im Internet über http://dnb.d-nb.de abrufbar.

© 2013 Oldenbourg Wissenschaftsverlag GmbH
Rosenheimer Straße 145, D-81671 München
Telefon: (089) 45051-0
www.oldenbourg-verlag.de

Lektorat: Anne Lennartz
Herstellung: Tina Bonertz
Titelbild: thinkstockphotos.com
Einbandgestaltung: hauser lacour
Gesamtherstellung: Grafik & Druck GmbH, München

Dieses Papier ist alterungsbeständig nach DIN/ISO 9706.

ISBN   978-3-486-72459-2
eISBN 978-3-486-72460-8

Vorwort

Seit Beginn der Krise im Euro-Raum gibt es kaum einen Tag, an dem nicht von den Medien vielfältige Informationen zur Bewältigung der Krise verbreitet werden. Sie haben für die Bevölkerung mehr oder weniger alarmierende Inhalte. Dies zeigen aktuelle Umfragen. Dadurch wird nicht nur der Euro, sondern letztlich auch der europäische Einigungsprozess in Frage gestellt. Wie kann es weitergehen mit Europa? Auf diese Frage wird eine Antwort versucht, die tagespolitische Berichterstattung mit politikwissenschaftlichen Forschungsergebnissen zur bisherigen Entwicklung der Europäischen Union und zur vergleichenden empirischen Demokratieforschung verbindet.

Inhaltsverzeichnis

1 Einleitung: Konkretisierung der Fragestellung

Angesichts der aktuellen Wirtschaftsentwicklung und Eurokrise scheinen schnelle Entscheidungen in Europa immer notwendiger zu sein. Die ständige Kommunikation zwischen wichtigen Entscheidungsträgern (insbesondere dem Präsidenten Frankreichs und der deutschen Kanzlerin, unterstützt durch den Regierungschef Luxemburgs als oberstem Repräsentanten der Eurozone und den Spitzen der europäischen Bürokratie) lassen die Grundwerte der Demokratie, die in den Mitgliedstaaten verankert sind, in den Hintergrund treten. Ist es richtig, dass „Mehr Europa – weniger Demokratie" (Frankenberger 2012) bedeutet?

Wörtlich übersetzt heißt Demokratie „Volksherrschaft". Diese Zielvorstellung ist zwar mehr oder weniger utopisch geblieben, seit sie Ende des 18. Jahrhunderts im Zuge der Emanzipation des Bürgertums an Bedeutung gewann. Erstmals wurde die Volkssouveränität im Rahmen des amerikanischen Unabhängigkeitskrieges 1776 auch politisch wirksam: „Alle Macht komme dem Volke zu und wird demgemäß von ihm hergeleitet." Dies würde eine Identität zwischen Herrschenden und Beherrschten beinhalten, die in demokratischen Systemen allerdings in der Praxis nicht gegeben ist. In der Demokratie wirken nicht alle an Entscheidungen mit, aber alle müssen in Freiheit die gleiche Chance dazu haben. Diese ist am besten bei allgemeinen, gleichen und geheimen Wahlen gegeben. Partizipation ist notwendig aber nicht hinreichend zur Bestimmung demokratischer Strukturen. Die Frage, wie viel Partizipation notwendig ist, damit politische Systeme als legitimiert erscheinen, gehört zu den Grundfragen demokratischer Herrschaftssysteme. Weil Partizipation als wichtiger Indikator für Zustimmung zu einer als demokratisch geltenden Ordnung gesehen wird, gilt der Rückgang von Beteiligung als problematisch. Er wird besonders bei den allgemeinen Wahlen zur Kenntnis genommen. Denn Demokratie lebt ja davon, dass die Mehrheit der Bürger sie bejaht.

Die Entwicklungen in der EU werden zwar vielfach skeptisch gesehen, allerdings zeigen aktuelle Umfrageergebnisse, dass sich der „tendenzielle Rückgang der positiven Meinungen zu den Vorteilen der EU-Mitgliedschaft" nicht weiter fortgesetzt hat (Standard Eurobarometer, Frühjahr 2011, ebenso 2012[1]). Breite aktive Ablehnung wäre sicherlich ein untrügliches Zeichen dafür, dass Akzeptanz nicht mehr vorhanden ist. Skepsis bis hin zur offenen Ablehnung beschränkt sich bisher eher auf die Anhänger einzelner rechtspopulistischer Parteien, die in den Mitgliedsländern Niederlande, Belgien, Dänemark, Schweden, Finnland, Frankreich und Österreich dauerhaft Wähler an sich binden können. Manche Beobachter sehen allerdings die Leistungen der EU (als Garant für Lebensstandard und Lebenssicherheit) als Ursache einer Akzeptanz der Mitgliedschaft in der EU an. Ein politisches System, das sich als demokratisch einstufen lassen will, kann sich aber nicht nur darauf verlassen (vgl. Kielmannsegg 1987, I: 10f.). Sobald die EU den Leistungserwartungen nicht mehr gerecht wird, könnten sich die Bürger vom Projekt Europa abwenden. Es kommt also auch darauf an, dass die grundlegenden Wertvorstellungen mit der politischen Ordnung übereinstimmen. Wenn Zustimmung und Unterstützung immer weniger in Wertvorstellungen wurzelten und sich nur noch aus Nutzenerwartungen ergeben würden, wäre „das Fundament nicht eben stabil" (ebenda, 11).

In demokratischen Systemen erhalten die erwachsenen Bürger regelmäßig die Chance, sich an Wahlen zu beteiligen (Bürger als Citoyen). Verglichen mit anderen Partizipationsformen wird diese Teilnahmemöglichkeit noch am intensivsten wahrgenommen. Bei anderen Beteiligungsmöglichkeiten müssen gewisse Mindestanforderungen für Partizipation vorhanden sein: Bereitschaft zum Diskurs, Kommunikationsfähigkeit und Zeiteinsatz. Da diese Voraussetzungen nicht bei allen Bürgern vorhanden sind, ist Demokratie auch immer mit der Notwendigkeit verbunden, sich von anderen regieren zu lassen, während man selbst seinen Geschäften nachgeht (Bürger als Bourgeois) (Naßmacher 2010: 34f.).

An diesem Befund der vorherrschenden Richtung der empirischen Demokratieforschung wurde seit den 1970er Jahren heftige Kritik geübt. Der Vorwurf lautete, dass „Elitenherrschaft und politische Apathie der Bürger zur Bedingung der Stabilität von Demokratie erklärt würde" (Kielmannsegg 1987: 30) Im Anschluss an diese Kontroverse muss daher die Frage formuliert werden: Wie viel Apathie der Bürger kann eine Demokratie ertragen, ohne gefährdet zu sein? Eine weitere Frage ist, ob Mitwirkung in der Demokratie sich nur auf den Staat beziehen soll oder in allen gesellschaftlichen Bereichen stattfinden kann, um dadurch die Demokratie zu stärken, z. B. in nichtstaatlichen Organi-

---

[1]   http://ec.europa.eu/public_opinion/index_eu.htm

sationen (z. B. Vereinen, Verbänden, Bürgerinitiativen, Nichtregierungsorganisationen (NGOs)).

Die partizipatorische Demokratietheorie argumentiert, dass die vielfältigen Verflechtungen von Gesellschaft und Staat, insbesondere die Machtrelevanz des ökonomischen Teilbereichs für die gesamte Gesellschaft, die Mitwirkung in allen gesellschaftlichen Bereichen notwendig macht (Naßmacher 2010: 28f.). Hier wird also der Schwerpunkt auf eine Beteiligung der Betroffenen überall dort gelegt, wo potentiell Macht ausgeübt wird. Die elitentheoretische oder wettbewerbsorientierte Auffassung von Demokratie stellt demgegenüber heraus, dass Demokratie eher eine Herrschaft auf Zeit gewählter Eliten/Repräsentanten ist[2], weniger eine Herrschaft „durch das Volk", sondern „für das Volk" bzw. „des Volkes." Beide demokratietheoretischen Ansätze müssen bei der Analyse des Demokratiepotentials der EU beachtet werden.

---

[2] Die wichtigsten Repräsentanten sind Max Weber (1976/1922), Joseph Schumpeter (1942) und Anthony Downs (1959). S. d. Schmidt 1995: 118–168.

2 Kritische Bestandsaufnahme der EU-Entwicklung

Das europäische politische System wird als Mehrebenensystem charakterisiert. Häufiger Befund empirischer Analysen ist, dass die wachsende Bürokratie in Europa zwar in einzelnen Bereichen beachtliche Erfolge vorweisen kann, dass die EU allerdings im Hinblick auf mehr Demokratie sehr langsam oder kaum vorankommt. Das Demokratiedefizit sollte mit dem Verfassungsprojekt und den damit verbundenen Reformen der Institutionen bearbeitet werden. Allerdings liegt der Verfassungsvertrag nach Ablehnung in Frankreich (2005) und den Niederlanden (2005) auf Eis. Einen gewissen Fortschritt bietet der Vertrag von Lissabon (2008, in Kraft getreten 2009).

Folgt man den Entscheidungen höchster Gerichte der Einzelstaaten, so handelt es sich bei der EU gar nicht um einen Staat sondern nach wie vor um einen Staatenbund souveräner Staaten. „Das Grundgesetz befürwortet (zwar, d. V.) … die notwendige Übertragung von Hoheitsrechten auf die europäische Ebene". In der Präambel hieß es von Beginn an, dass sich das Volk „kraft seiner verfassungsgebenden Gewalt" das Grundgesetz gegeben habe und es dabei „von dem Willen beseelt" sei, „als gleichberechtigtes Glied in einem vereinten Europa dem Frieden der Welt zu dienen". Hinzu kommt der heutige Artikel 23 Absatz 1 GG. Daraus ergibt sich der Auftrag an die öffentlichen Akteure, die Entwicklung der EU voranzubringen und so zur „Verwirklichung eines vereinten Europas beizutragen" (Voßkuhle 2012). Das dürfte doch wohl bedeuten, dass durch diese Entwicklung nicht die einzelstaatliche Demokratie ausgehöhlt werden soll, sondern dass sie auch auf das neu entstehende vereinigte Europa nicht unter Ausschluss, sondern unter Einschluss der Mitgliedstaaten übertragen werden sollte. Den Mitgliedstaaten muss also politischer Gestaltungsspielraum verbleiben. Wie dies in Deutschland zu geschehen hat, ist ausführlich in Artikel 23 Absatz 2–7 GG geregelt.

Die Analysen von Entscheidungsprozessen in einzelnen Politikbereichen zeigen, dass die EU teilweise empfindlich in die Souveränität ihrer Mitgliedstaaten eingreift und von daher deren Demokratie untergräbt. Daher müssen die Erkenntnisse über die institutionellen Arrangements, die in den Entscheidungsprozessen eine Rolle spielen, unter demokratietheoretischen Aspekten neu bewertet werden.

Das Mehrebenensystem soll sich nach Meinung des Mainstreams der Politikwissenschaftler zu einem ganz neuartigen System („sui generis') entwickeln. Und daher verbietet es sich für viele Forscher, die EU mit Maßstäben zu messen, die für nationale politische Systeme zur Anwendung kommen, um sie als Demokratien, Systeme im Übergang zur Demokratie und nichtdemokratische Systeme einzuordnen. Demgegenüber wird hier die These vertreten, dass Reformen sich einerseits an den gewachsenen Strukturen der Mitgliedstaaten orientieren müssen, um Akzeptanz sicherzustellen, und andererseits Erkenntnisse verwerten sollten, die durch langfristige empirisch gesättigte Erfahrungen in Demokratisierungsprozessen gewonnen wurden. Auch Börzel argumentiert, dass die EU aus vergleichender Perspektive gar nicht so neuartig ist, wie vielfach behauptet (Börzel 2008: 61). Ihre These lautet, dass in der EU „weniger durch Netzwerke als durch inter- und transgouvernementale Verhandlungen und politischen Wettbewerb im Schatten der Hierarchie regiert" wird (ebenda). „Der entscheidende Unterschied zwischen der EU und dem modernen Staat liegt ... darin, dass die Verhandlungssysteme der EU noch sehr viel stärker durch gouvernementale Akteure dominiert werden." (Börzel 2008: 62). Kohler-Koch (2011: 64) erkennt, dass die EU inzwischen als politisches System eingestuft wird, das vor den gleichen Problemen des Regierens steht wie nationalstaatliche Systeme und im Hinblick auf demokratische Strukturen durchaus an den gleichen Maßstäben gemessen werden muss.

2.1   Allgemeine Grundlagen für die Demokratie

Europa bildet sich als politisches System heraus, das wesentliche Voraussetzungen für Demokratien mitbringt. Dies gilt zunächst für die Rechtsstaatlichkeit. Die Prinzipien der Rechtsgleichheit und der Rechtssicherheit der Bürger sowie der Bindung der auf Zeit Beauftragten an das Recht sind gegeben. Die Mitwirkung an der Willensbildung erfolgt ohne Diskriminierung und die Freiheit der Meinungsäußerung wird als hohes Gut beachtet. Öffentlich kritisiert werden Übergriffe auf unabhängige Medien (z. B. aktuell im Mitgliedstaat Ungarn). Der Minderheitenschutz ist in den europäischen Mitgliedstaaten gewährleistet und er spielt in Entscheidungsprozessen eine wichtige Rolle, denn Mehrheitsentscheidungen sind in der EU immer noch seltener. Diese Rechte sind in modernen Verfassungen im Grundrechtskatalog verankert. Darüber wachen in Demokratien (aber auch in der EU) unabhängige Gerichte.

Zu den Grundrechten hat sich auf dem europäischen Kontinent erstmals Frankreich mit der „Erklärung der Menschen- und Bürgerrechte" von 1789 bekannt. Dieses Dokument wirkte über Frankreich hinaus. So wurden die Grundrechte des deutschen Volkes erstmals in der Paulskirchenverfassung von 1849 in 16 Paragraphen festgehalten. Die Weimarer Reichsverfassung von 1919 hat dann Grundrechte und Grundpflichten der Deutschen im zweiten Hauptteil umfassend festgelegt. Deutschland hat seinen Grundrechtskatalog im Zuge der Vereinigung nochmals kritisch evaluiert (Rudzio 2011).

Die Unabhängigkeit der Verfassungsgerichtsbarkeit wird in einigen Mitgliedstaaten der EU seit neuester Zeit von der EU kritisch begleitet. Dies galt zunächst für Ungarn, inzwischen auch für Rumänien, wobei beide Regierungen versuchen, sich den europäischen Spielregeln zu beugen (FAZ v. 14.07.2012). Obwohl Großbritannien bei der Gewährung von Grundrechten Vorreiter in Europa war, bildet es hier noch eine Ausnahme, denn es gibt bis heute keine geschriebene Verfassung. Dafür existieren verschiedene Texte, die im Hinblick auf den Schutz des Einzelnen wichtige Meilensteine abgeben (Döring 1993: 18). Durch die Übernahme der Europäischen Menschenrechtskonvention in britisches Recht (1998) findet auch in Großbritannien nun eine Aufwertung der Gerichte (Sturm, in: Ismayr 2003: 228) zu Lasten der gewählten Repräsentanten statt. Die Europäische Menschenrechtskonvention ist wesentlicher Garant für den Schutz von Menschen- und Bürgerrechten in Europa.

Nicht nur durch die Festlegung der Grundrechte und ihre Einklagbarkeit haben zwangsläufig unabhängige Gerichte eine wichtige Rolle im Staate zugewiesen bekommen. Durch ihre Interpretationen erhalten sie einerseits die Verfassung lebendig, andererseits wächst ihnen dadurch „Deutungsmacht" zu, die für sich genommen Probleme schaffen kann (Vorländer 2006: 17f). Die Position der obersten Gerichte (z. B. in Europa des Europäischen Gerichtshofs) kann immer dann zu mächtig werden, wenn die politischen Entscheidungsträger sie bei Grundsatzkonflikten ständig in die Entscheidungsfindung einschalten. Dann können sich Gerichte als „Ersatzgesetzgeber" aufspielen zu Lasten der gewählten Entscheidungsträger.

Die Machtbalance zwischen den Herrschaft Ausübenden kann also in Gefahr geraten. Sie soll durch Gewaltenteilung dauerhaft gesichert werden. Zu den Aufgaben des Europäischen Gerichtshofs mit Sitz in Luxemburg gehört die Regelung von Streitigkeiten zwischen den Mitgliedstaaten und die verbindliche Auslegung der Verträge. Diese Institution könnte sich ähnlich wie das Oberste Bundesgericht in den USA entwickeln, da die Rechtsprechung der nationalen übergeordnet ist (Vertragsverletzungsverfahren). In einzelnen Politikfeldern hat das Gericht wesentlich zu EU-Regimen beigetragen (Wallace/

Wallace 2000: 33; Nugent 1999: insb. 276ff.; Rittberger/Schimmelpfennig, in: Holzinger u. a. 2005: 60; Knill, in: Holzinger u. a. 2005: 170). Inzwischen lautet die Einschätzung, dass das Gericht vor allem die Kommission gestärkt hat. Allerdings ist nach dem Maastricht-Vertrag (Gründungsvertrag der EU von 1992) der Widerstand gegen den Gerichtshof stärker geworden (Wallace, in: Kohler-Koch 1996: 154, 156).

2.2 Charakteristika der einzelstaatlichen Institutionenstruktur

Die verschiedenen Ebenen der EU weisen spezifische institutionelle Strukturen auf, die in ihrer Demokratietauglichkeit immer wieder in Frage gestellt und damit reformiert werden. Hier sind zunächst die zentralistisch organisierten Mitgliedstaaten von den mehr oder weniger stark föderalistisch organisierten zu unterscheiden. Bei Ersteren (Großbritannien, Frankreich, Italien, Spanien) ist seit Jahren ein Devolutionsprozess im Gange, der am wenigsten weit in Frankreich Ergebnisse erbracht hat, während Spanien zuweilen bereits den Staaten mit föderaler Struktur zugeordnet wird. Deutschland kann eindeutig als der am weitesten föderativ aufgebaute Mitgliedsstaat bezeichnet werden, gefolgt von Belgien. Dagegen ist der Föderalismus in Österreich schwach ausgebildet. In den anderen Mitgliedstaaten haben die Teilgebiete eher ausführende Funktionen.

Unabhängig von dieser einzelstaatlichen Gliederung ist in allen Mitgliedstaaten Europas die kommunale Ebene in den letzten beiden Jahrzehnten am stärksten reformiert worden. Herausragend ist jetzt in vielen Mitgliedstaaten die besondere Rolle der direkt gewählten (Ober-) Bürgermeister (Wollmann 2011: 4; Kersting u. a. 2009) In Deutschland stehen diese (nach der Abschaffung der Fünf-Prozent-Hürde für die Wahl in den Rat) einem stark ausdifferenzierten Rat mit vielen Fraktionen, Gruppen bzw. Einzelpersonen gegenüber und damit unübersichtlichen Mehrheitsverhältnissen, die die Entscheidungsprozesse verlängern und endgültige Entscheidungen hinauszögern. Ganz eindeutig hat das zusätzlich die Rolle der Verwaltung verstärkt und die der Legitimatoren im Rat verringert. Die ursprüngliche Zielvorstellung, die Effizienz der Leistungserbringung zu verbessern, wurde allerdings auch weitgehend verfehlt.

Die landes- und die gesamtstaatliche Ebene folgen in den Mitgliedstaaten nach wie vor den Regeln des parlamentarischen Systems (mit Abwandlungen, die hier nicht gesondert erwähnt werden). Parlamentarische Systeme gehen von der Zielsetzung einer zeitlichen Gewaltenteilung aus. Zentraler Gedanke ist dabei, dass in Demokratien die Regierenden immer nur auf Zeit bestellt werden. Wenn ihr Handeln nicht mehr den Vorstellungen der Mehrheit der Bevölkerung entspricht, müssen sie ablösbar sein. Damit das ordnungsgemäß erfolgen kann, kommt der Opposition eine genauso wichtige Rolle zu wie der Regierung selbst. Die parlamentarische Mehrheit und die Regierung sind sehr eng miteinander verbunden. Die Regierung rekrutiert sich ganz überwiegend aus der Parlamentsmehrheit und die Parlamentarier behalten als Regierungsmitglieder ihre Parlamentsmandate. Regierung und Regierungsmehrheit im Parlament sind beim Regieren aufeinander angewiesen und sollen sich in ihrer Machtausübung nicht behindern: So lange die Regierung über eine Mehrheit im Parlament verfügt, soll sie handlungsfähig sein. Ihre Machtausübung ist dadurch beschränkt, dass sie fürchten muss, bei den nächsten Wahlen abgelöst zu werden.

Der Wechsel zwischen Regierung und Opposition funktioniert im parlamentarischen System dann am besten, wenn stark mehrheitsbildende Wahlsysteme angewendet werden. Das ist vor allem in Großbritannien der Fall. Aber auch in Frankreich wird ein Mehrheitswahlrecht bzw. in Spanien und Ungarn ein stark mehrheitsbildendes Wahlrecht angewandt und Machtwechsel sind in diesen Mitgliedstaaten eher wahrscheinlich. In den anderen Mitgliedstaaten Europas wählen die Bürger nach Verhältniswahlverfahren. Dabei bewirkt der Wählerwechsel häufig nicht, dass durch Wahlen die Regierungsmehrheit abgelöst werden kann. Zudem existieren für den Einzug ins Parlament z. T. sehr niedrige Sperrklauseln (wie in den Niederlanden und Dänemark), so dass eine breit ausgefächerte Parteienlandschaft die Folge ist und die Mehrheitsbildung nach den Parlamentswahlen schwierig wird. Vor allen Dingen kann der Wähler meist kaum einschätzen, ob er eine Regierung abgewählt oder bestätigt hat.

Weiterhin ist eine gewisse sozio-ökonomische Homogenität für die Zusammensetzung der Parlamente von Bedeutung. Bei starken regionalen Besonderheiten, die auch von Regionalparteien ins Bewusstsein gehoben werden (wie z. B. in Belgien), können diese die Regierungsbildung stark erschweren. Auch fällt dann kleinen Parteien als potentiellen Koalitionspartnern die Rolle zu, den Machtwechsel zu vollziehen, z. B. in Spanien. In Deutschland, Österreich und Schweden verhindern Fünf- bis Drei-Prozent-Klauseln die starke Zersplitterung des Parlaments. Die neuen EU-Mitglieder in Mitteleuropa haben sich erst allmählich den Erfahrungen ihrer westlichen Nachbarn angenähert und durch institutionelle Hürden die immer noch recht fragile Parteienlandschaft etwas verstetigt.

Demokratische Systeme sind ohne Parteien nicht vorstellbar. Dies gilt insbesondere für Flächenstaaten, während allenfalls für kleinräumige demokratische Prozesse auf der lokalen Ebene Parteien für überflüssig gehalten werden. Die Existenz von Parteien ist aber noch nicht ausreichend. Vielmehr geht es beim Wettbewerb um Personen und Inhalte zwischen unterschiedlichen Parteien, die Macht erringen wollen. Das bedeutet, dass die Konkurrenz nicht nur zwischen Führungspersönlichkeiten stattfindet, sondern die Parteien auch verschiedene ideologische Orientierungen und Anhängerschaften repräsentieren müssen. Bei starken Wechseln der Konkurrenten in der Parteienlandschaft ist dies kaum gegeben. Dies ist bei vielen mitteleuropäischen Neumitgliedern noch der Fall.

2.3 Perspektivische Einordnung der institutionellen Struktur der EU

Diese jahrzehntelang auf den nationalen und teilstaatlichen Ebenen erprobten Entscheidungssysteme sind in der EU nicht vorhanden.

2.3.1 Akteure im aktuellen Entscheidungssystem

Seit 1979 wird das Europäische Parlament durch allgemeine Wahlen direkt gewählt. Damit war die Hoffnung verbunden, dass sich das Parlament weitere Rechte und Akzeptanz im politischen Prozess erkämpfen würde. Dies ist aber bisher nur teilweise gelungen, denn ihm fehlen die o. a. Grundvoraussetzungen für den Wettbewerb. Orientierung für den Wähler jedes Mitgliedstaates sind weiterhin die nationalen Parteien. Das Europäische Parlament hat zwar im Gesetzgebungsprozess an Bedeutung gewonnen, es ist aber weiterhin wie vor wesentlich gegenüber einem parlamentarischen System eingeschränkt: es kann nicht den Regierungschef wählen und seine Regierungsbildung entscheidend mitbestimmen.

Geht man von den Formulierungen der Gründungsverträge aus, dann werden bei der EU Regierungsfunktionen durch die „Kommission" wahrgenommen, die auf eine festgelegte Zeit (inzwischen für die Wahlzeit des Europäischen Parlaments) von den nationalen Regierungen durch ein Konsultativverfahren zusammengestellt und vom Europäischen Rat eingesetzt wird. Das Parlament hat dabei aber Anhörungsrecht. Es muss der Ernennung der Kommission zwar insgesamt zustimmen. Die Befragung der Kandidaten gibt ihm auch Einfluss auf die Personalauswahl (s. d. Landfried 2002: 67f.). Es kann der Kommission auch mit Zweidrittelmehrheit das Misstrauen aussprechen (Holzinger, in: Holzinger u. a. 2005: 95f.). Die Instrumente des Vertrauensvotums des Europäischen Parlaments, dem sich die Kommission stellen muss, und die Möglichkeit der Abberufung der Kommission bleiben als Waffen eher stumpf. Dies hat das gescheiterte Misstrauensvotum (1999) gezeigt. Tatsächlich handelt es sich bei der Kommission um eine europäische Verwaltung für bestimmte Sachaufgaben, die von Entscheidungen des Ministerrates abhängig ist. Die Kommission zeigt zwar eine kollegiale Binnenstruktur, jedoch stoßen hier unterschiedliche nationale Interessen aufeinander (Tömmel 2008: 38).

Nach der Norderweiterung 1973 (Großbritannien, Dänemark und Irland) und der Süderweiterung (Griechenland, 1981; Portugal und Spanien, 1986) setzte sich die Kommission, die an der Spitze einer Superbürokratie steht (Eichener 2000: 340), aus je zwei Mitgliedern der großen Mitgliedsstaaten (Deutschland, Frankreich, Großbritannien, Italien und Spanien) zusammen, die anderen stellten je ein Mitglied der Kommission. 1995 kamen Österreich, Finnland und Schweden hinzu. Seit der Osterweiterung 2004 bzw. 2008 ist die Kommission mit je einem Mitglied pro Staat sehr groß. Es ist anzunehmen, dass bei der Kompetenzaufteilung in 27 Generaldirektionen und neun Dienste eine Intra-Kommissionsdynamik relevant ist (Hartlapp 2008: 146). Dieses gilt auch gegenüber dem Rat, denn je geschlossener die Kommission auftritt, desto durchsetzungsfähiger ist sie (ebenda: 147). Die Außen- und Sicherheitspolitik fallen in den intergouvernementalen Bereich, wobei die nationalen Akteure hier (der Europäische Rat agiert in der Regel einstimmig) noch eine wesentlich größere Bedeutung haben. Das Parlament wird lediglich konsultiert (Börzel 2008: 71).

Neben dem Europäischen Rat, der Gipfelkonferenz der Staats- und Regierungschefs, der insbesondere über Grundsatzfragen der Gemeinschaft beschließt und – wie bereits erwähnt – die Kommission einsetzt, ist der Ministerrat, der Rat der nationalen Fachminister, unmittelbarer Gegenspieler der Kommission, in dem de jure die verbindlichen Entscheidungen gefällt werden. Die Kommission kann aber zur Durchführung von Ratsbeschlüssen rechtlich bindende Maßnahmen verabschieden (EGV: Art. 202). Dabei wird sie wiederum von Ausschüssen, die sich aus Experten von nationalen Behörden zusammensetzen, „beratend, mitverwaltend oder regelnd begleitet" (Börzel 2008: 68). Seit der Osterweiterung 2004 ist die Kommission nicht nur sehr groß, sondern die kleinen Staaten haben ein unangemessenes Übergewicht. Daher wird über die Zusammensetzung seit Nizza (2000) neu verhandelt – bisher ohne Ergebnis. Obwohl der Kommissionspräsident seit Nizza gestärkt wurde, ist seine Position nicht annähernd so mächtig wie die des amerikanischen Präsidenten.

2.3.2 Parlamentarisches vs. Präsidentielles Regierungssystem als Orientierung

Im Unterschied zum parlamentarischen Regierungssystem kann sich der Kommissionspräsident als Chef der Exekutive nicht auf die Unterstützung der Mehrheit im Parlament verlassen. Dies deutet in Richtung auf das präsidentielle Regierungssystem, wie es in den USA institutionalisiert ist (Lösche 1989: 180ff.). Kommissionspräsident einerseits und Europäisches Parlament und Rat (als Vertretung der Mitgliedstaaten) andererseits stehen sich gegenüber. Der amerikanische Präsident hat aber im Gegensatz zum Kommissionspräsidenten strikte Weisungsbefugnis gegenüber den Fachressorts (Secretaries), während die starken Generaldirektionen mit ihren Kommissaren relativ unabhängig handeln. In den USA sind Präsident, Repräsentantenhaus und Senat (als Vertretung der Einzelstaaten) direkt legitimiert. Dies ist in der EU und für deren wichtigste Entscheidungsgremien nur beim Europäischen Parlament der Fall. Bei Kommission und Ministerrat handelt es sich um Vertretungen der Mitgliedsstaaten und nur letzterer ist indirekt über nationale Wahlen legitimiert.

Wie der Präsident der Kommission so wird auch der auf zweieinhalb Jahre gewählte Präsident des Europäischen Rates, dessen Position mit dem Vertrag von Lissabon (2009) neu geschaffen wurde, von den Regierungschefs der Mitgliedstaaten ausgewählt. Damit sind die Top-Repräsentanten der EU formal unabhängig vom Parlament. Während im präsidentiellen amerikanischen System die Notwendigkeit der Zusammenarbeit in der Praxis trotz formaler Unabhängigkeit stärker ist, hat das Europäische Parlament sich auch nach vielfältiger Machterweiterung noch nicht die Stellung des amerikanischen Kongresses erworben. Ein wichtiges Problem bleibt dabei die Heterogenität des Parlamentes mit ca. 80 Parteien, was das Erlangen von Mehrheiten gegen die Kommission schwierig macht. Seine Kontrollkompetenz muss also als geringer eingeschätzt werden. Gegenüber dem Europäischen Rat und dem Ministerrat ist das Parlament immer noch im Nachteil. Vielmehr ist die einseitige Abhängigkeit der Kommission vom Europäischen Rat wesentlich bedeutender.

Sowohl der Präsident des Europäischen Rates als auch der der Kommission treten zwar als oberste Repräsentanten Europas auf, werden allerdings kaum als Regierungschefs Europas anerkannt. Dem wirkt auch noch der halbjährliche Wechsel der Präsidentschaft des Ministerrates durch die Regierung eines Mitgliedstaates entgegen. Für die Koordination der Außenpolitik gibt es zusätzlich noch eine(n) Außenbeauftragte(n). Durch den Vertrag von Lissabon wurde diese Position als Hoher Vertreter für Außen- und Sicherheitspolitik aufgewertet, so dass es sich quasi um den Außenminister der EU handelt. Zurzeit wird das Amt durch Lady Ashton bekleidet, die aber in der Öffentlichkeit kaum wahrgenommen wird.

2.3.3 Konkordanzdemokratie als Orientierung

Obwohl die Verträge durchaus Mehrheitsentscheidungen zulassen, werden die meisten Entscheidungen in der EU doch überwiegend einstimmig gefasst. Nicht nur diese Art der Entscheidungsfindung, sondern auch die Inkompatibilität von Mitgliedschaft in der Kommission (der faktischen Regierung der EU) und dem Europäischen Parlament ergeben wichtige Übereinstimmungen zwischen dem Regierungssystem der EU und dem schweizerischen Regierungssystem (Naßmacher 1972: 67 ff.). Diese Regierungsweise wird als Typ seit Lehmbruch 1967 und Lijphart 1968 der Mehrheitsdemokratie (wie sie die Typen parlamentarische und präsidentielle Demokratie repräsentieren) als Konkordanzdemokratie gegenübergestellt.[3] Während – wie bereits dargestellt – bei parlamentarischem und präsidentiellem Typ der Wettbewerb zwischen Parteien und (Teil-)Eliten entscheidend ist, ist für die Konkordanzdemokratie die Einbindung aller wichtigen Gruppen in Entscheidungsprozesse typisch. Diese Art des Regierens kommt in einer tief zerklüfteten Gesellschaft zum Einsatz, wobei eine Machtteilung zwischen den Segmenten und gleichzeitige Autonomie dieser Segmente in den nicht vergemeinschafteten Politikfeldern möglich ist, während in anderen Proportionalität und Vetorechte sichergestellt werden. Von den Mitgliedstaaten der EU wiesen Österreich, die Niederlande und Belgien diese typischen konkordanzdemokratischen Entscheidungsmuster auf, die sich allerdings inzwischen in Teilbereichen überholt haben. Sie könnten in Europa als Orientierung zum Zuge kommen. Konkordanzdemokratische Systeme vermeiden schnelle Veränderungen, lassen aber auch zu, dass Schwierigkeiten der Anpassung institutioneller Arrangements an die sich vergrößernde Mitgliederzahl geduldet werden. Die Frage ist, ob sich das bisherige Europäische Regierungssystem nicht besser an diesem Typ messen lässt.

---

[3] Der Typ wird auch als consociational democracy (Lijphart, 1968) oder als „konsoziativ" (Schmidt, in: Grande/Jachtenfuchs 2000: 33) bezeichnet.

Es wäre verfehlt, die unterschiedlichen Wege der Entwicklung und die Erfahrungen der einzelnen Mitgliedstaaten zu leugnen. Diese sind bei Spanien, Portugal und Griechenland langjährigen autoritäre Herrschaftssysteme und bei den mitteleuropäischen Neumitgliedern die totalitären Diktaturen und die Abhängigkeit von einer hegemonialen Herrschaft. Da diese Vergangenheiten noch den Blick für die aktuellen Gemeinsamkeiten – die Entwicklung einer Demokratie westlicher Prägung in einem vereinten Europa – beeinträchtigen können, gilt es, besondere Rücksichtnahmen walten zu lassen. So wird den kleinsten Mitgliedern ihre Besonderheit zugestanden: sie sind gegenüber den großen Staaten in allen wichtigen Institutionen der EU extrem überrepräsentiert und damit ein wesentliches Hindernis zur Überwindung der segmentierten Ausgangslage (vgl. Schmidt, in: Grande/Jachtenfuchs 2000: 45).

Langfristig gilt es, die aus unterschiedlichen Entwicklungen resultierenden Segmentierungen zu überwinden und eine Kommunikationsgemeinschaft zu schaffen (Schmidt, in: Grande/Jachtenfuchs 2000: 49). Eine Förderung dieser Zielrichtung ist durch länderübergreifende Organisationen zu erwarten. Im Hinblick auf die Parteien besteht allerdings noch ein erheblicher Nachholbedarf. Inwieweit bei den organisierten Interessen bereits Ansätze vorhanden sind, wird sich aus Analysen zu den einzelnen Politikfeldern im Einzelnen ergeben.

Konkordanzdemokratische Strukturen sind tendenziell stärker mit Neokorporatismus verbunden, d. h. mit mehr oder minder formeller Kooperation zwischen Staat und Verbänden bei der Politikformulierung und Politikdurchführung. Befürworter von konkordanten Entscheidungsprozessen können auf Ergebnisse verweisen, in denen Konkordanzdemokratien im Vergleich zu Konkurrenzdemokratien gut abschneiden. „Zum Beispiel sind in den Konkordanzdemokratien Konflikte zwischen Arbeitsmarktparteien insgesamt weniger heftig und weniger zahlreich als in den typischen Konkurrenzdemokratien" (Schmidt 1995: 239). Auch der inkrementelle Reform- und Politikstil in Konkordanzdemokratien wird als vertrauensbildend gesehen (Obinger 2004: 96). Die Konkordanzdemokratie tut sich allerdings mit Herausforderungen, die rasche Anpassung, Innovation und größere Kurswechsel in kurzer Frist verlangen, schwerer. Auch ist die Zuordnung von Verantwortung für bestimmte Entscheidungen für Außenstehende schwerer als in Mehrheitsdemokratien.

Der Vergleich von Ergebnissen der Performance-Forschung ist – wie Roller aufzeigt – schwierig, da willkürlich Kriterien für die Messung eingesetzt werden (Roller 2004: 306). Die Wirtschaftsentwicklung wird kaum gleichzeitig mit der Performance in der Sozialpolitik betrachtet (Schmidt 2002 und 2005). Für die EU ist allerdings eine besondere Schieflage bei Entscheidungen zulasten der Sozialpolitik erkannt. Auch die Zahl und der Einfluss der Interessengruppen werden ambivalent beurteilt: entweder als Entwicklungshemmnis oder als förderlich für die Performance. Ersteres wird der Dominanz vieler kleiner Interessengruppen zugeschrieben, während von größeren Interessenorganisationen eher positive Wirkungen ausgehen, weil sie das Allgemeinwohl stärker mit beachten (Obinger 2004: 177). Diese Aspekte scheinen bei der Analyse der Entwicklung in Europa von erheblicher Bedeutung zu sein. Die Frage ist, ob in der EU die wesentlichen Voraussetzungen gegeben sind, die eine positive Performance einer konkordanzdemokratischen Entwicklung erwarten lassen.

In den Mitgliedstaaten der EU, die als Konkordanzdemokratien bezeichnet werden, gibt es eine enge Kooperation zwischen den etablierten, konkurrierenden großen Parteien, die häufig in einer großen Koalition verbunden sind und den wichtigsten Interessenvertretungen der Arbeitgeber- bzw. Arbeitnehmerseite. Die Kooperationsbeziehungen sind im Hinblick auf die institutionelle Struktur unterschiedlich. Gemeinsam ist allerdings, dass die Einbindung der dominanten Interessenvertretungen in den Entscheidungsprozess die Akzeptanz der Entscheidungen sicherstellen soll. Dies scheitert, wenn den Top-Repräsentanten der wichtigsten Interessenorganisationen die notwendige Autorität gegenüber ihren Funktionären und Mitgliedern fehlt. Das ist immer dann zu befürchten, wenn die Gewerkschaften und Interessenvertretungen der Unternehmerseite in vielfältige Einzelorganisationen gespalten sind.

Im Hinblick auf die Wirtschaftstätigkeit und das dabei erzielte Einkommensniveau sind die einzelnen Staaten der EU sehr unterschiedlich. Zumindest diejenigen, die dem Vereinigungsprozess früh beitraten, weisen eine breite Mittelschicht auf, ein Kriterium, das als Voraussetzung für demokratische Entwicklung von erheblicher Bedeutung ist (Naßmacher 2010: 273). Dies ist auch starken Gewerkschaften zu verdanken, die sich früh als wichtige Akteure etablieren konnten und die eine starke Rückbindung an ihre Klientel hatten. Dies war unter den Gründerstaaten der EWG zumindest bei Deutschland und den Niederlanden der Fall, nicht allerdings in Frankreich, Italien und Belgien. Österreich und Schweden weisen ebenfalls diese Kriterien beim Eintritt in die EG auf, im Gegensatz zu Großbritannien, wo eine starke Zerklüftung der Arbeitnehmerinteressen tradiert ist. Die wirtschaftlichen Impulse gingen in Europa vom Westen aus, während im Süden und Osten eine nachholende Entwicklung stattfinden musste, bedingt durch die Eigentumsverhältnisse. Hinzu kommen die Wirkungen der autoritären Herrschaftssysteme (Spanien, Portugal und Griechenland) und in Mitteleuropa zusätzlich die jahrzehntelange Planwirtschaft bei totalitärer Herrschaft. Die Schere zwischen Arm und

Reich ist daher dort noch erheblich größer und die gesellschaftlichen Konflikte in den Gesellschaften sind noch stärker ausgeprägt. Die Interessenorganisationen der Arbeitnehmerschaft können diese Konflikte seit Ende der autoritären Systeme öffentlich machen, so in Spanien, Portugal und Griechenland, während diese Organisationen in den mitteleuropäischen Beitrittsländern weit weniger autonom agieren (Leiber/Schäfer 2008: 131).

Dennoch sind in allen Mitgliedstaaten der EU im Wirtschafts- und Sozialbereich dauerhaft agierende Organisationen vorhanden, die eine Grundlage für eine Pluralität der Interessenartikulation schaffen. Diese soziale Gewaltenteilung oder der „Pluralismus" gilt – neben den bereits genannten – als wesentliches Strukturelement der freiheitlichen Demokratie (Fraenkel 1964). Das Funktionieren der Konkordanzdemokratie war durch die Einbindung der zentralen Organisationen in Entscheidungen und die Rückbindung an ihre Klientel gegeben: in Österreich die Lager, in den Niederlanden die Säulen. Sie waren Garanten für die Umsetzung dieser Entscheidungen. Bei Ausdifferenzierung der Arbeitnehmer- und Arbeitgebervertretungen fehlt diese Voraussetzung und durch die immer weniger gegebene Bindungsbereitschaft eine weitere.

Traditionell eingebunden in das Entscheidungssystem der Europäischen Gemeinschaft sind die Interessengruppen als Mitglieder des Wirtschafts- und Sozialausschuss (WSA). Hier vertreten sind Arbeitgeber, Arbeitnehmer und eine sogenannte „dritte Gruppe" (u. a. Landwirtschaft, Handel und Verbraucher), die sehr heterogen ist (Hrbek, in: Kohler-Koch/Woyke 1996: 299; Vierlich-Jürcke 1998: 40). Schließlich wird heute der abhängig Beschäftigte nicht nur aus der Sicht der Arbeitnehmer gesehen, sondern auch aus dem Blickwinkel des Konsumenten. Der Einfluss des WSA ergab sich aus der engen Verbindung zur Kommission. Die Institutionalisierung der Zusammenarbeit der Sozialpartner zeigte zunächst Schwächen, denn die Mitglieder des Wirtschafts- und Sozialausschusses (WSA) werden nicht von den Verbänden bestellt, sondern von den Regierungen. Der Ausschuss wird spät informiert und kann nur unverbindliche Stellungnahmen abgeben. Insofern ist dieser Einflusskanal nicht mehr sehr wirkungsvoll (Leiber/Schäfer 2008: 121). Für die Gegenrichtung gilt das Gleiche. Versuche einer tripartistischen Konzertierung scheiterten.

Dennoch haben die europäischen Institutionen seit Jahren Interesse daran, die Sozialpartner, also Gewerkschaften und Arbeitgeberverbände, bei der Politikformulierung und Implementation zu beteiligen (Leiber/Schäfer 2008: 116). Sie werden sogar „als Schlüssel für besseres Regieren" (Europäische Kommission 2002: Kapitel 1:2004) bezeichnet. Das Regieren mit der Zivilgesellschaft hat sich dabei über Jahrzehnte weiterentwickelt. Es erwies sich anfangs als verbesserte Konsultationspraxis (Kohler-Koch 2011: 46), wobei die Kommission von sich aus Kontakt zu Experten, Interessengruppen und Nichtregierungsorganisationen aufnahm. Das Repertoire wurde seit 1992 wesentlich erweitert (Quittkat/Kohler-Koch 2011: 75f., 83f.). Die Konsultationen (mit der Wissenschaft und anderen Verbänden) dienten anfangs auch dazu, von Fall zu Fall Bündnispartner gegenüber den Mitgliedsregierungen zu gewinnen. Erst in den 1980er Jahren entwickelte sich ein Partnerschaftsprinzip, das zunächst in einen „Europäischen Sozialen Dialog" einmündete (ebenda: 78) und sich auf andere Politikbereiche ausdehnte. Schließlich wurde in der dritten Stufe ein selbstverpflichtender Verhaltenskodex entwickelt, der die beteiligten NGOs sichtbar machte (CONECCS) (ebenda: 80; zusammenfassend: 82). In den Folgejahren wurden weitere NGOs hinzugezogen und die Beziehungen weiter formalisiert (ebenda: 88). Aber die Öffnung zu NGOs ist nicht in allen Generaldirektionen gleich (ebenda: 89ff.), so dass von einer Fragmentierung oder Sektoralisierung der Willensbildung und Einflussnahme auszugehen ist.

Erst nach dem Maastricht-Vertrag änderte sich die Situation. Es wurde das „Sozialpartnerschaftsverfahren" eingeführt (Leiber/Schäfer 2008: 123), so dass Verfahren, wie sie in Konkordanzdemokratien üblich waren, in Entscheidungsprozesse Eingang fanden. Dies erfolgte durch das Subsidiaritätsprinzip, das hier von Sozialpartnern wahrgenommen wird (ebenda: 124). Die Sozialpartner wurden zu Mitgesetzgebern in der Sozial- und Beschäftigungspolitik: Sie sollen Vorschläge für Strategie und Umsetzung machen (Leiber/Schäfer 2008: 116). 2002 gab es dann den „Tripartistischen Gipfel für Wachstum und Beschäftigung" (Europäische Kommission 2002). Die Empfehlungen sollten durch die Sozialpartner in den Mitgliedstaaten umgesetzt werden (ebenda: 126f.). Ansonsten überwog eine unverbindliche Koordinierung (ebenda: 124f.). Das Verfahren der Offenen Methode der Kooperation (OMK) überließ den Regierungen das Handeln (ebenda: 126).

Die großen Verbände haben zwar durch ihre Mitglieder und die internen demokratischen Strukturen eine Legitimationsbasis. Allerdings sind auch sie bei ihrer Breitenwirkung in die Gesellschaft hinein beschränkt. Die Bindungsneigung an Gewerkschaften nimmt ab, denn viele Einzelpersonen fühlen sich nicht mehr angemessen vertreten, weil die etablierten Großorganisationen vor allem die Großbetriebe im Blick haben. Auch gibt es in manchen Mitgliedsländern eine enorme Fragmentierung der Gewerkschaften, wie sie in Großbritannien immer schon üblich war. Sie schreitet aber auch in Deutschland in neuerer Zeit voran. Bei den Gewerkschaften ist die Internationalisierung allerdings seit Jahren tradiert. Auf der Unternehmerseite gelten der Spitzenverband der europäischen Industrie und der landwirtschaftliche Dachverband als besonders einflussreich. Allerdings scheint sich hier auch – wie bei den Gewerkschaften – eine Ausdifferenzierung abzuzeichnen. Die Anliegen der verschiedenen Industriezweige sind offenbar so unterschiedlich, dass die Einflussnahme eines Verbandes nicht ausreicht. Statt der „logic of membership" favorisieren sie die „logic of influence" (Falkner 2000: 294). Es dominieren in einzelnen Branchen Einzelunternehmenslobbyisten (wie z. B. die der Autoindustrie). Dies macht sich insbesondere in der Sozialpolitik negativ bemerkbar. Zudem sind die Kooperationsbeziehungen zwischen den Verbänden eher konflikthaft.

Bei der Mitsprache der Sozialpartner ist zudem eine Individualisierung erkennbar, insbesondere durch die Online-Konsultationen. Hier werden Stellungnahmen eingeholt, beispielsweise bei der Modernisierung des Arbeitsrechts, die im Bericht der Kommission breiten Raum erhalten (Quittkat 2011: 149f.). Die Vertreter von Wirtschaftsinteressen und einzelnen Firmen nehmen bei für sie relevanten Themen die Möglichkeit der Online-Konsultationen am häufigsten wahr, und zwar darunter die auf das Politikfeld besonders spezialisierten (Quittkat 2011: 155f., 160). Die Gewerkschaften bleiben dagegen in ihren Aktivitäten zurück (ebenda: 156). Das Ergebnis sind lediglich Empfehlungen an ihre Mitgliedsorganisationen.

Insgesamt wird heute die Lobbyarbeit und Kampagnenaktivität der Verbände bzw. der zivilgesellschaftlichen Organisationen stärker betont. Auf EU-Ebene scheint das Heer der Lobbyisten kaum noch überschaubar. Der lange Weg vom Entwurf bis zur Entscheidung des Ministerrates gibt den Interessenten viele Möglichkeiten (Heinelt u. a. 2005: 280ff.) zu Einsprüchen und die Verbände sind erfahrungsgemäß auch in der Lage, ihre im europäischen Rahmen nicht berücksichtigten Interessen durch Druck auf die nationalen Regierungen gewissermaßen „national aufzuladen". Sie sind wichtige Veto-Spieler auf nationaler Ebene. Bei geringem Fortschritt sind keine Sanktionen vorgesehen. In den Bereichen, in denen die EU besondere Entscheidungsmacht hat, sind die Sozialpartner „keine gleichberechtigten Partner" (Leiber/Schäfer 2008: 117).

Kritisch wird für die EU häufig angemerkt, dass hier ein Übergewicht wirtschaftlicher Interessenartikulation zulasten von Verbrauchern und sozial Benachteiligten zu verzeichnen ist und von daher die Schieflage der EU im Hinblick auf soziale Probleme zustande kommt. Insbesondere der Finanzmarkt brauche – so die SPD in Deutschland – einen Finanzmarktwächter, der den Finanzmarkt durch die Brille der Verbraucher analysiert und die Verbraucherzentralen im Hinblick auf die Analyse von Finanzgeschäften stärkt (Positionspapier: www.spdfraktion.de, Mai 2012).

Werden die sonstigen Interessen der Zivilgesellschaft (Nichtregierungsorganisationen: NROs oder NGOs) in die Betrachtung einbezogen, so ergibt sich
nicht nur eine eher als Ausdifferenzierung zu kennzeichnende Struktur, sondern auch nur teilweise eine breite Rückbindung zur Basis der Gesellschaft.
Dies gilt besonders für die „rights and value based" NGOs (vgl. Kohler-Koch
2011: 43, 45), die für sich in Anspruch nehmen, allgemeine öffentliche Interessen vertreten zu wollen (ebenda: 51). So stellt sich die Frage, ob das Sozi-
alpartnerschaftsmodell, das starke, geschlossene Sozialpartner mit hohem
Organisationsgrad voraussetzt, in der EU überhaupt als Zielmodell realisiert
werden könnte.

2.3.4   Föderalistische Systeme

Die Zielrichtung zur Einbindung von Teilgebieten in die EU ist seit dem
Maastricht-Vertrag verankert und wurde im Vertrag von Lissabon durch das
Prinzip der Subsidiarität nochmals bekräftigt, wobei jede Ebene die Aufgaben
verantworten soll, die sie am besten lösen kann. Diese Zuordnung von Einzelaufgaben an Mitgliedsstaaten, ihre Teilgebiete (Länder, Departements, Provinzen, Regionen) und ihre kommunalen Gebietskörperschaften wird in der
ausgeprägtesten Form als Föderalismus bezeichnet.

Zur Berücksichtigung teilräumlicher Interessen auf der Bundes- bzw. gesamtstaatlichen Ebene ist in föderalistischen Systemen eine zweite Kammer (Riescher u. a. 2000) vorgesehen. Diese Vertretung der Mitgliedstaaten gibt es in
Europa bereits in zweifacher Form: als Ministerrat und als Europäischer Rat.
Hier ist – im Gegensatz zum deutschen Bundesrat – allerdings die Vertretung
der kleinen Mitgliedstaaten noch übergewichtiger. Da Nizza gezeigt hat, dass
die kleinen Mitgliedstaaten keinesfalls darauf verzichten wollen, wäre hier
eine Weiterentwicklung nur möglich, wenn die großen mehr Sitze erhalten
würden. Doch hier stehen Rivalitäten zwischen Deutschland, Frankreich,
Großbritannien und Italien (Müller-Brandeck-Bocquet 2006: 478) entgegen.
Weiterhin ist im Gegensatz zum deutschen Bundesrat kein Mitglied an Wei-
sungen gebunden, so dass der Einfluss auf das Abstimmungsverhalten und -
ergebnis für die gewählten Repräsentanten in den nationalen Parlamenten
kaum beeinflussbar ist. Wenn mehrere Vertreter in der Zukunft vielleicht einmal einen Mitgliedstaat vertreten, wäre einheitliches Abstimmen in diesem
Gremium schon angesagt, um die Verhaltensweisen der Mitglieder im Prozess
der Mehrheitssuche kalkulierbarer zu machen.

Beim föderalistischen Staat handelt es sich um die politische und organisatorische Zusammenfassung von mehr oder weniger selbständigen Subsystemen

zu einem übergeordneten Ganzen, dem Bundesstaat (Jahn 2006: 74ff.). Wie bereits erwähnt, wird dieses Prinzip in den einzelnen Mitgliedsstaaten der EU nur ansatzweise realisiert. In der Vergangenheit hat sich immer wieder gezeigt, dass ausgeprägte Freiheitsrechte der einzelnen Gliedstaaten und deren Teilgebiete, ethnische und religiöse Besonderheiten die Regelung von Aufgaben für kleinere Einheiten nahelegten. In Europa ist das Prinzip der Funktions- und Arbeitsteilung stärker vertreten als im zentralistisch regierten Staat. In den zentral regierten Staaten sind durch Dezentralisations- und Devolutionsprozesse Aufgabenverlagerungen an Teilgebiete im Gange. Generell scheint es leichter möglich, teilräumlichen Einheiten mehr Kompetenzen zuzuordnen als ihnen solche zu nehmen, so dass die Föderalisierung in Richtung des deutschen Modells am ehesten möglich wäre. Denn hier pochen die Länder schon seit Jahren auf ihre Mitentscheidungsrechte im Rahmen der EU.

Zur vertikalen Gewaltenteilung gehört auch die eigene Entscheidungskompetenz der kommunalen Ebene. Hier gibt es in den einzelnen Ländern sehr große Unterschiede. Auch dort, wo die kommunale Selbstverwaltung in der Verfassung abgesichert ist, wird zuweilen die Tendenz aufgezeigt, dass auf der kommunalen Ebene noch weniger Entscheidungskompetenzen als auf der Länderebene vorhanden sind. Dies ist auch davon abhängig, ob den Kommunen genügend eigene Einnahmen zur Verfügung stehen. Dabei lässt sich generell die Tendenz feststellen, dass Kommunen sehr abhängig sind von überörtlichen Finanzzuweisungen. Dies ist in Großbritannien noch stärker der Fall als in Schweden. In Deutschland spielen die eigenen Einnahmen aus der Gewerbesteuer und der Einkommensteuer noch eine Rolle (Wollmann 2011: 5; Kersting u. a. 2009). Die Akteure auf der kommunalen Ebene würden es in allen Ländern begrüßen, wenn mehr überörtliche Zuschüsse ohne Zweckbindung an die kommunalen Gebietskörperschaften fließen könnten.

Obwohl den Kommunen durch die EU durch das Prinzip der Subsidiarität immer wieder eine wichtige Rolle zugewiesen wurde, sind die Kommunen als Subsysteme der Länder oder der teilräumlichen Einheiten in nicht föderalen Staaten weniger privilegiert. Im Rahmen der wachsenden Komplexität der Gesamtsysteme bleibt allerdings die legitimierende und partizipatorische Dimension der Kommunalpolitik von erheblicher Bedeutung (Naßmacher/ Naßmacher 2007). Eine eigene Vertretung auf der gesamtstaatlichen Ebene haben die Kommunen in keinem Mitgliedstaat. Sie sind überall auf den Lobbyismus ihrer Verbände, ihrer Oberbürgermeister (Verwaltungschefs) oder einzelner Repräsentanten in überörtlichen Parlamenten angewiesen.

Als neue Akteure setzen sich in Deutschland die Regionen in Szene. Diese sind von ihrem Zuschnitt her eher zufällig. Häufig werden kleinere Kooperationen von Gemeinden mit unterschiedlicher Institutionalisierung in diese neuen informellen Kommunikationskreise eingebunden. Die Regionen sind im beratenden Ausschuss der Regionen (AdR) vertreten, der mit dem Vertrag von Maastricht eingerichtet wurde (Raich 1994: 58; Tömmel 1994: 269). Ihm gehören derzeit 344 Vertreter der regionalen und lokalen Gebietskörperschaften an, die von den EU-Mitgliedstaaten vorgeschlagen und vom Rat auf fünf Jahre ernannt werden (http://europ.eu/about-eu/institutions-bodies/cor/ index_de.htm (Stand: 17.05.2012). Ihre Akteure rekrutieren sich u. a. aus Städten und ihren Verbänden, wobei die (Verwaltungs-) Chefs der Städte eine wichtige Rolle spielen. Weiterhin sind Parlamentarier und Führungskräfte der Landesebene, soweit sie europapolitische Fragen bearbeiten, vertreten sowie Vertreter der regionalen Wirtschaft, z. B. von Industrie- und Handelskammern. Der Ausschuss muss von Kommission, Rat und Parlament vor Entscheidungen angehört werden, die lokale und regionale Angelegenheiten betreffen. Er scheint sich seine Bedeutung erst noch erarbeiten zu müssen (Müller-Brandeck-Bocquet 2006: 477) und ist offenbar bislang nicht in der Lage, die Nationalstaaten zu umgehen (Keating/Hooghe 1996: 1996; Hrbek 1998: 15). Der AdR spielt bislang eher eine Nebenrolle, erhöht allerdings die Unübersichtlichkeit der Entscheidungsabläufe (Kohler-Koch/Knoth, in: Nitschke 1999: 192). Dies mag auch daran liegen, dass die Umsetzung des Subsidiaritätsprinzips offensichtlich noch nicht besonders weit vorangeschritten ist.

Weiterhin gibt es auch (die nationalen Grenzen überschreitenden) nicht einheitlich organisierten Kooperationsformen, die teilweise schon gut institutionalisiert sind (Euregios), mit Mitgliederversammlung (Rat), Vorstand (als Verwaltungsebene) und fachlichen Arbeitskreisen (Miosga 2000: 270). Die Einbeziehung gesellschaftlicher Gruppen ist dabei unterschiedlich (ebenda: 274).

Im zentralistischen Staat Frankreich sind die Regionen dagegen eher mit den deutschen Ländern zu vergleichen, allerdings mit sehr viel geringeren Kompetenzen. Dabei hatte sich die Regierung in Frankreich durch die Strukturfonds Entlastung versprochen und daher in dieser Hinsicht die Regionen gestärkt (Ast 2000: 239). Im engeren Sinne sind dort die Regionalplanungsbehörden und die Regionalpräfekturen zuständig. Anders als in Deutschland entfallen dadurch ressortübergreifende Reibungsverluste (Ast 2000: 240). In Frankreich handelt es sich eher um eine Dekonzentration der Verwaltung und nicht um eine Politik „von unten" (Ast 2000: 242). Auch in den Niederlanden ist die Zentralregierung der wichtigste Akteur, die allerdings in enger Kooperation mit den Provinzen agiert (Miosga 2000: 265). Die Projekte müssen bei den Euregios beantragt werden.

Weiterhin sind die Aufgaben im Mehrebenensystem der EU weder in föderalen noch in tendenziell zentralistisch organisierten Mitgliedstaaten dauerhaft festgeschrieben. Es handelt sich also um ein „dynamisches System" (Grande 2000: 17). Dabei erweist sich auch das Subsidiaritätsprinzip nur als „ein schwacher Versuch" (Abromeit 2000: 65), weil es nicht justiziabel ist.

3   Demokratiepotentiale im aktuellen Entscheidungsprozess

Die Verbindungen zwischen den Ebenen im Mehrebenensystem werden mit Scharpf (1985) als „Politikverflechtung" bezeichnet. Zwischen diesen Ebenen finden Verhandlungen statt. So lässt sich das gesamte politische System auch als „Verhandlungssystem" charakterisieren (Grande 2000: 17).

3.1   EU als Verhandlungssystem

Verhandlungssysteme haben allerdings den Nachteil, dass sie für den Außenstehenden schwer durchschaubar sind. Transparenz und Kontrolle darüber, wer Entscheidungen maßgeblich beeinflusst hat, ist kaum gegeben. Das ist zwar in einem föderal organisierten Staat ebenso, allerdings können dort die Bürger die maßgeblichen Politiker (deren nachgeordnete Verwaltungsmitarbeiter an Vorentscheidungen im Rahmen der Politikverflechtung teilgenommen haben) durch Wahlen zur Verantwortung ziehen. In der EU sind diese Möglichkeiten sehr viel undifferenzierter gegeben, weil die Nähe zu den Entscheidungen zwangsläufig abnimmt.

So ist auch in der öffentlichen Debatte eher undifferenziert von der EU die Rede, die insgesamt für bestimmte Entwicklungen verantwortlich gemacht wird, die auf der nationalen Ebene als Vorentscheidungen und massive Beeinflussung von nationalen Politiken wahrgenommen werden. Wenn nicht der EU-Bürokratie Entscheidungen maßgeblich zugeordnet werden, dann in zweiter Linie einigen herausragenden Politikern (im Augenblick denen von Deutschland und Frankreich), die im Europäischen Rat oder Ministerrat im Rahmen der krisenhaften Entwicklung in Europa den Ton angeben. Zwar handelt es sich dabei um Politiker, die auf der nationalen Ebene durch direkte Wahl (Frankreich) oder als Regierungschefs oder Minister indirekt legitimiert sind, für ihr Land zu entscheiden. Allerdings werden sie gebunden durch vorlaufende Abstimmungsprozesse, an denen sie weniger beteiligt sind. „Jeder Regierungsvertreter handelt aufgrund mehr oder weniger veränderbarer Vorgaben, die ihrerseits bereits das Ergebnis von langwierigen und komplizierten nationalen Verhandlungsprozessen sind. Infolgedessen nimmt die Entscheidungsfindung im Rat die Form eines fortlaufenden Verhandlungsprozesses an ...“ (Wallace/Hayes-Renshaw 1996: 196).

Die komplizierte Vorbereitung der Entscheidungen auf EU-Ebene geschieht formal im Rat der „ständigen Vertreter“. Er tritt in zwei Ebenen zusammen: auf derjenigen der Botschafter der jeweiligen Mitgliedsstaaten und auf der Ebene ihrer Stellvertreter (ebenda: 196f.). Gleichzeitig kommunizieren die Regierungen ständig mit Brüssel und auch untereinander. Sowohl im Europäischen Rat als auch im Ministerrat spiegeln sich die nationalen Interessen wider. Daher wundert es nicht, dass die in den Gemeinschaftsverträgen grundsätzlich vorgesehene Mehrheitsregel in der Praxis von geringerer Bedeutung geblieben ist. Bei Mehrheitsentscheidungen im Ministerrat genügt, wenn nicht ausdrücklich etwas Gegenteiliges bestimmt ist, die einfache Mehrheit, wobei jeder Staat eine Stimme hat. Bei „qualifizierter Mehrheit“ kommt ein Verfahren der Stimmengewichtung zum Zuge, das im Zuge des Integrationsprozesses häufig geändert wurde (s. d. Holzinger 2005: 108ff.).

3.2   Parlamente als marginale Instanzen?

Die Orientierung der Öffentlichkeit auf die Regierungsvertreter blendet allerdings aus, wie viel die durch direkte Wahlen legitimierten Parlamentarier auf nationaler und europäischer Ebene von ihrer besonderen Stellung als Vertreter der Bevölkerung in den Prozess einbringen können. Das Entscheidungssystem wird also im Hinblick darauf als unterkomplex wahrgenommen. Die Parlamentarier mahnen häufig an, mehr in den Entscheidungsprozess eingebunden zu werden, wobei sie indirekt bestätigen, dass die Gewichte zwischen Ministerrat und Europäischem Parlament immer noch zu Lasten des Letzteren verteilt sind.

Jedoch wird zunehmend die Meinung vertreten, dass die Fortschritte im Kompetenzzuwachs des Europäischen Parlaments beachtenswert sind (s. d. Rittberger/Schimmelpfennig 2005: 64). Nach der EEA wurde das Verfahren der Zusammenarbeit mit dem Rat eingeführt, nach Maastricht bis Nizza kamen einige Zustimmungsrechte hinzu: „Verfahren der Mitwirkung/Mitentscheidung“. Die Kompetenzen im Hinblick auf die Einsetzung der Kommission wurden bereits erwähnt. Bei den Politikinhalten hat das Europäische Parlament seit langem die Möglichkeit, bei Verordnungen oder Richtlinien Änderungen vorschlagen, die, sofern sie vom Rat nicht angenommen werden, in ein förmliches Vermittlungsverfahren einmünden (Hrbek 1995: 16). Das Vermittlungsergebnis kann nicht mehr geändert werden (Neunreither 1996: 110). Echte Mitentscheidungsrechte wurden dem Europäischen Parlament aber lange nur bei Beitrittsbegehren weiterer Staaten zur EU sowie bei der Assoziierung dritter Staaten eingeräumt. Dies gilt auch für den Abschluss völkerrechtlicher Verträge und die Schaffung neuer Strukturfonds. Eine gewisse Sonderstellung hat das Europäische Parlament bereits seit 1975 im Haushaltsverfahren. Während es auf die Einnahmenseite keinen Einfluss hat (hier entscheidet allein der Ministerrat), kann es für die meisten Politikbereiche Ausgabenänderungen vornehmen (bis Lissabon mit Ausnahme der Agrarausgaben), die auch gegenüber dem Ministerrat durchsetzbar sind. Der Vertrag von Lissabon hat in der Papierform zumindest das Mitentscheidungsverfahren bzw. das ordentliche Verfahren zu einem zentralen Gesetzgebungsverfahren aufgewertet und damit das Parlament dem Rat gleichberechtigt an die Seite gestellt (Deutscher Bundestag 2011).

Diejenigen, die Fortschritte im Hinblick auf mehr Demokratie sehen, betonen, dass Initiativen des Parlaments zu mehr als 50 % von Kommission und Rat übernommen werden und verweisen darauf, dass nationale Parlamente nicht annähernd die gleiche Erfolgsrate haben. Auch der Weg der gemeinsamen Entscheidung werde positiv genutzt, so dass die Einschätzung lautet, dass das Parlament hier zu einem gleichberechtigten Partner geworden ist (Earnshaw/Judge 1999: 96, 124). Dem steht allerdings die geringe Kontrollkompetenz des Parlaments gegenüber dem wichtigen Entscheidungsträger Kommission entgegen. Die Politik der nationalen Regierungen kann es allenfalls im Nachhinein kritisieren und zu Korrekturen veranlassen. Denn die nationalen Akteure müssen eher auf die Veto-Spieler im eigenen Land Rücksicht nehmen als im Vorgriff auf die Ergebnisse die Meinungsbildung im Europäischen Parlament. Ein wichtiges Problem bleibt allerdings die Heterogenität des Parlamentes. Die europäischen Parteizusammenschlüsse und Fraktionen sind weit weniger bedeutend als die nationalen Parteien. Dies hemmt zudem zügige Abläufe und macht sie unberechenbar. So zeigen sich noch wesentliche Unterschiede gegenüber nationalen Parlamenten.

Das Europäische Parlament mit seinen seit dem Vertrag von Lissabon 2007 größeren Aufgaben bildet als Ersatz für einen Entzug von Rechten des Bundestages nach Einschätzung des Bundesverfassungsgerichts immer noch keine angemessene neue Bühne für die Artikulation des Bürgerwillens. Hier wird vom Präsidenten des Bundesverfassungsgerichts vor allem herausgestellt, dass die „Gleichheit der Wahl ... auf europäischer Ebene nicht gewährleistet" ist. Es fehlt nach dem Vertrag von Lissabon an „einem durch gleiche Wahl aller

Unionsbürger zustande gekommenen politischen Entscheidungsorgan mit der Fähigkeit zur einheitlichen Repräsentation des Volkswillens" (Voßkuhle 2012 unter Bezug auf BVerfGE 123, 267, (373). „Stattdessen sieht der Lissabon-Vertrag … für das Europäische Parlament eine degressiv proportionale Zusammensetzung mit mitgliedstaatlichen Kontingentierungen vor, die das völkerrechtliche Prinzip der Staatengleichheit mit dem demokratischen Prinzip der Wahlrechtsgleichheit kombiniert. Das führt dazu, dass das Gewicht der Stimme des Staatsangehörigen einer bevölkerungsschwachen Mitgliedstaates etwa das Zwölffache des Gewichts der Stimme des Staatsangehörigen eines bevölkerungsstarken Mitgliedstaates betragen kann" (Voßkuhle 2012).

Im Wahlkampf zum Europäischen Parlament spielen national bedeutsame Themen eine weit wichtigere Rolle und die Europawahl wird im Bewusstsein der Bürger weniger wichtig eingeschätzt (Nebenwahl) als Wahlen für nationale Parlamente mit der Folge der niedrigsten Wahlbeteiligung bei allen Wahlen zu Vertretungskörperschaften. Weiterhin wird die Wahl als Protestwahl genutzt: die Wähler wollen nationale Politiker für ihre Arbeitsweise abstrafen. Insgesamt wird den Europapolitikern geringer Kontakt zum Bürger vorgeworfen.

Entscheidungen werden in der EU aufgrund von Vorlagen der Kommission durch die nationalen Regierungen im Ministerrat und unter Mitwirkung des Parlaments getroffen. Die Kommission legt großen Wert auf Verständigung im Dialog mit dem Ministerrat. Im Ministerrat erfolgen häufig Zugeständnisse an nationale Regierungen. Hier gibt es z. T. jahrzehntelange Blockaden und schließlich Einigungen auf dem kleinsten gemeinsamen Nenner (Eichener 2000: 323). Die häufigsten Blockaden sind dort zu beobachten, wo nach der Einstimmigkeitsregel entschieden wird.

3.3   Defizitäre Demokratie als Ergebnis

Zusammenfassend lassen sich also die gegenwärtige institutionelle Struktur und die sich daraus ergebenen Entscheidungsprozesse im Hinblick auf wesentliche Elemente der Demokratie als defizitär einschätzen. Die europäischen Parteien sind noch schwach entwickelt, bei den Verbänden haben Wirtschaftsinteressen (gemessen an den Politikergebnissen) offenbar die Oberhand. Grande (2000: 17ff.) findet u. a. beim Vergleich der Mehrebenenstruktur der EU mit den Regierungssystemen der nationalen Ebene noch weitere Unterschiede. Bei der vertikalen Koordination gebe es wesentlich mehr „Schnittstellen" zwischen autonomen Organisationen und Institutionen, so dass „der

Koordinationsbedarf zwischen Akteuren, Arenen und Handlungsebenen wesentlich erhöht" ist. Zudem bieten sich mehr Einflussmöglichkeiten von „advocacy coalitions". Sie erlauben das Verschieben von Problemen und zugleich der Verantwortlichkeiten auf andere Ebenen. Damit verlieren formale Kompetenzen gegenüber Verhandlungsgeschick, z. B. zum Knüpfen von Koalitionen, an Bedeutung. Die Interaktionseffekte können zu Entscheidungsblockaden führen, wenn ein hoher Konsensbedarf bei bestimmten Entscheidungen vorliegt. Scharpf sieht deshalb die europäische Ebene als besonders anfällig für die „Politikverflechtungs-Falle" (1985). Die Entscheidungsfähigkeit beruht vor allem auf informellen Arrangements im Kleinen (Grande 2000: 24).

Das Mehrebenensystem leidet vor allem unter Kontroll- und Verantwortungslücken. Demgegenüber sind in den großen Mitgliedstaaten der EU (wie Deutschland, Frankreich und Großbritannien) die Verantwortlichkeiten klarer zugeordnet. In Großbritannien steht ganz eindeutig der Premierminister im Focus. Auch in Deutschland ist die Politikwahrnehmung auf der gesamtstaatlichen Ebene nach wie vor von der Kanzlerschaft geprägt, so dass insbesondere in Krisenzeiten die Kennzeichnung als „Kanzlerdemokratie" treffend ist. Frankreich ragt durch die besondere Stellung des direkt gewählten Präsidenten eines ansonsten parlamentarischen Systems im Hinblick auf die Verantwortungszuordnung heraus. Die mitteleuropäischen Mitgliedstaaten, z. B. Polen, orientierten sich teilweise in ihrer institutionellen Struktur an dem französischen System. In den anderen EU-Staaten scheint dieser Aspekt nicht so besonders ausgeprägt.

Dies bedeutet allerdings auch, dass die Verantwortungszurechnung bei den Entscheidungsmustern, die sich innerstaatlich und zwischen den anderen Akteuren herausgebildet haben, schwerer erkennbar ist. Das verschafft der Gerichtsbarkeit durch ihre stringenteren Aktionen einen wesentlichen Vorteil. Sie kann sich auf der europäischen Ebene zum Motor des Vereinigungsprozesses aufschwingen. „Im Falle der Europäischen Union hat sich ... ein Norm- und Regelkorpus herausgebildet, der einerseits hinsichtlich der Dichte der Regelungen, der Ausdifferenzierung primärer und sekundärer Regelungen, der Rechtssicherheit und des Ausmaßes der Regelbefolgung, der Unabhängigkeit des Europäischen Gerichtshofs oder der Anerkennung durch Drittstaaten in mancher Hinsicht den durchschnittlichen Nationalstaat zu überbieten vermag." (Zürn/Wolf 2000: 113).

Es ist kaum verwunderlich, dass kritische Stimmen zur europäischen Entwicklung immer lauter werden. Hier sind einmal die Rechtspopulisten vorgeprescht, die bei der Zusammensetzung des Europäischen Parlaments noch eine eher untergeordnete Rolle spielen, auf nationaler Ebene in verschiedenen

Staaten aber ernstzunehmende oder lästige Vetospieler sind. In Deutschland wächst das Bundesverfassungsgericht immer stärker in die Rolle des Veto-Spielers, der sich gegen die Übertragung von Hoheitsrechten an die EU in der jetzigen institutionellen Struktur wendet. Sie findet nach seiner Auffassung eine Grenze, wo der materielle ‚Identitätskern der Verfassung‘, „der durch die ‚Ewigkeitsgarantie‘ in Art. 79 Abs. 3 GG geschützt ist", angetastet wird (Voß-kuhle 2012). Das Bundesverfassungsgericht hat diesen Identitätskern so beschrieben, dass der nicht so ausgehöhlt werden darf, dass dadurch die parlamentarische Vertretung des Volkswillens unmöglich wird (Entscheidung vom 7. September 2011, zitiert nach Voßkuhle 2012). Insbesondere das Budgetrecht des Parlaments steht hier im Focus. Dabei geht es auch um die Kontrolle über grundlegende haushaltpolitische Entscheidungen. „Jede ausgabenwirksame solidarische Hilfsmaßnahme des Bundes größeren Umfangs im internationalen oder unionalen Bereich muss vom Bundestag im Einzelnen bewilligt werden." (Voßkuhle 2012)

4   Integrationsprozess

Die Bemühungen zur Integration Europas waren nach dem Zweiten Weltkrieg nicht auf die Schaffung einer Demokratie westlicher Prägung gerichtet. Im Wesentlichen ging es um vier Ziele: Sicherheit und Freiheit, Prosperität und Machtbegrenzung. Bei den europäischen Eliten war der gemeinsame Wille vorhanden, den Frieden in Europa zu sichern und dabei Gewaltanwendung auszuschließen. Dabei spielten auch machtpolitische Erwägungen eine Rolle (s. d. Link 2001: 81), z. B. die Einhegung des besiegten Deutschlands bzw. eines möglicherweise dominanten wiedervereinigten Deutschlands in Europa.

Allerdings gingen die Hoffnungen der „Europäer" unter den westlichen Staatsmännern dahin, dass diese Integration letzten Endes ähnlich derjenigen eines traditionellen Nationalstaates schließlich allgemeinen Zwecken dienen werde (Deutsch 1971: 263). Für Deutschland war nach dem verlorenen Krieg und der bedingungslosen Kapitulation kaum ein anderer Weg als der in ein vereinigtes Europa möglich. Ohne diesen hätte es kaum die Position einer „wohlhabenden, einflussreichen, angesehenen und wiedervereinigten europäischen Zentralmacht bzw. einer Mitführungsmacht" erreichen können (Müller-Brandeck-Bocquet 2006: 467 unter Bezug auf Schwarz 1999 und Haftendorn 1995: 150). Die Integration Europas und die Europapolitik sind für Deutschland Staatsraison (ebenda: 468) und historische Verpflichtung (ebenda: 479). Die aktuelle Bundesregierung sieht deutsche und europäische Interessen als „deckungsgleich" (Müller 2012). Es geht nicht mehr um das „Ob", sondern um das „Wie" bei Europa.

4.1   Allgemeine Voraussetzungen in Europa

„Integrieren" bedeutet allgemein das Herstellen eines Ganzen aus Teilen, also die Umwandlung vormals getrennter Einheiten in Bestandteile eines zusammenhängenden Systems. Integration kann somit als Prozess interpretiert werden. Konsens besteht darüber, dass bei weitgehender Offenheit der Volkswirtschaften und infolge der technologischen Entwicklungen (Transport und Kommunikation) wirtschaftliche, soziale und politische Gegebenheiten in einem Land sich nicht auf dieses beschränken. Vielmehr werden dadurch auch Veränderungen in den Ländern innerhalb des Verflechtungsraumes hervorgerufen. Offen bleibt allerdings, ob intensive Kommunikations- oder Verflechtungsbeziehungen auch zu gemeinsamen Institutionen führen sollten, die letztlich die Nationalstaaten überwinden.

Bei den Anfängen der Integration Europas nach dem Zweiten Weltkrieg waren machtpolitische Fragen neben denen zur Wirtschaftsentwicklung von erheblicher Bedeutung: Die Siegermächte wollten über Deutschlands Industriezweige Kohle und Stahl eine gewisse Kontrolle ausüben. So kam es zur Europäischen Gemeinschaft für Kohle und Stahl (EGKS oder Montan-Union). Die Europäische Wirtschaftsgemeinschaft (EWG) wurde dann 1957 gegründet. Mit der Europäischen Atomgemeinschaft (Euratom), einem Zusammenschluss von Atom- und Nichtatommächten in Europa, wurden diese drei Organisationen später zum einheitlichen Akteur Europäische Gemeinschaft (EG) verbunden. Das Gefühl der Bedrohung an der Nahtstelle des Ost-West-Konflikts spielte – nachdem die Europäische Verteidigungsgemeinschaft (EVG) 1954 an der französischen Nationalversammlung gescheitert war – dann bei der Einbindung der Bundesrepublik in die NATO eine Rolle. Für die westeuropäischen Staaten war auch die Kontrolle der wiederbewaffneten Bundesrepublik von Bedeutung (Wagner/Schlotter 2006: 459, 448). Alle deutschen Regierungen haben – trotz zum Teil heftiger Kritik der jeweiligen Opposition bei aktuell anstehenden Entscheidungsschritten – den Weg der Integration nicht verlassen (Schmidt 2010).

Vorbedingung für wirtschaftliche Integrationsprozesse scheinen zwar intensive Handelsbeziehungen und gleichgerichtete Interessen der Länder zu sein. Gemeinsamkeiten der kulturellen Fundamente und damit der Werthaltungen und Einstellungen erleichtern sicher die Integration (Etzioni 1965: 26 f.). Bedeutsamer für den Einigungsprozess sind jedoch fortlaufende Konsultationen zwischen den Eliten, die ein gemeinsames Ziel haben. Einen Fortgang der Verflechtungsprozesse kann es nur geben, wenn im Verlauf des Verfahrens ein Interesse an der Beibehaltung (bzw. Befolgung) eines Regelungssystems, also der für alle geltenden institutionellen Arrangements, besteht. Dies muss allmählich ein größeres Gewicht erhalten als das Interesse der einzelnen Beteiligten, sich gegenüber den anderen ohne Abstriche auch dann durchzusetzen, wenn dafür die Existenz des Regelungssystems aufs Spiel gesetzt wird. Ein solches Interesse wiederum kann sich nur bilden, wenn über einen bestimmten Zeitraum gesehen die Verteilungsleistungen des Regelungssystems zu befriedigenden Ergebnissen führen, ohne dass diese damit auch schon gerecht sein müssen (Brock 1990: 85).

Die Frage, in welchen Bereichen die Integration zunächst erfolgt oder erfolgen soll, wird zum Teil kontrovers diskutiert. Im Zuge der wachsenden Globalisierung stehen natürlich Wirtschaftsinteressen im Vordergrund. Bereits in der Sicherheitspolitik ergeben sich aber kontroverse Zielvorstellungen. Daher werden unterschiedliche Vorgehensweisen vorgeschlagen.

4.2 Strategien der Integration: Funktionalismus, Föderalismus und Konföderalismus

Die Funktionalisten wollen solchen Konflikten ausweichen, in dem sie Übereinkünfte zur gemeinsamen Wahrnehmung von Aufgaben Schritt für Schritt treffen. Diese Einzelaufgaben (Funktionen), z. B. der Freihandel, werden dann durch spezifische institutionelle Strukturen stabilisiert. Der Prozess der Integration beginnt also in bestimmten Politikfeldern (policies). Die Institutionen folgen also den Funktionen. Die zunehmende technisch-sachliche Kooperation – so wird erwartet – werde einen Lernprozess auslösen, der eines Tages von selbst die alte durch eine neue Ordnung mit neuer Qualität ersetzt, indem weitere Politikfelder in die Integration einbezogen werden.

Als erster Schritt erfolgte in Europa eine Zusammenarbeit in einem Politikfeld: der Wirtschaft (mit der EWG), weitere Politikfelder folgten, die ohnehin mit der wirtschaftlichen Integration eng verknüpft sind (z. B. Umwelt- und Sozialprobleme) und daher mehr oder weniger intensiv betroffen waren. Erst in weiteren Schritten wird eine politische Integration angestrebt (bisher gipfelnd in der EU). Die Erwartung der Funktionalisten geht dahin, dass die jeweilige Bevölkerung der Mitgliedstaaten ihre Loyalitäten dem neuen System nach und nach überträgt (Tudyka 1971: 94).

Kritiker sehen den Funktionalismus eher als technische und daher unpolitische Vorgehensweise. Diese inkrementalistische Strategie wuchert unkontrolliert und findet eher auf bürokratischem Wege statt. Die wesentliche Kritik richtet sich darauf, dass die politischen Entscheidungen unterbewertet werden. Die Vertreter des Neo-Funktionalismus (s. d. auch Wolf 2006: 65–74), Haas, Lindberg, Nye, bewerteten daher auch die politische Dimension sehr viel höher. „Für den Neo-Funktionalismus gilt, dass es im internationalen System keinerlei nicht-politische Zusammenarbeit gibt. Selbst die technische Kooperation der Experten ist politisch, weil sie von den Regierungen genehmigt und bezahlt werden muss. Die Zusammenarbeit stellt sich also nicht von selbst ein, sie muss angeordnet und bewilligt werden" (Czempiel 1987: 262).

Die Vorstellung der Neofunktionalisten ist, dass nach der Startphase der weitere Integrationsvorgang nach einem gewissen Automatismus ablaufen wird. Dem „take-off" folgt eine zweite Zündung („secondary priming"), die dem „Überlauf"-(spill-over-)Effekt von Haas (1968: 283ff.) ähnlich ist: die Integration in einem Sektor löst einen ähnlichen Prozess in einem anderen aus, ohne dass ein Anstoß von außen notwendig ist. Kritiker merken an, dass nicht angegeben werden kann, wann und in welcher Weise „spill over"-Prozesse auf die nächst höhere Ebene erfolgen und wann der „point of no return" erreicht ist (Gärtner 1993: 131). Funktionale Kooperation – so fand der Neo-Funktionalismus ebenfalls heraus – kann aber auch negative, kooperationsmindernde Folgen haben. „Wenn sie ein Land überlastet oder benachteiligt, kann es die Kooperation auch vermindern" (Czempiel 1987: 263). Insofern ist die Betonung der politischen Entscheidung umso wichtiger.

Diese Einsichten sind bei den Föderalisten zentral. Sie wollen neue politische Einheiten schaffen, indem sie gewisse Befugnisse der Gliedstaaten auf neue, gemeinsame Institutionen verlagern. Sie sind bereit, partiell auf Souveränität zu verzichten. Die Integration wird also als „bewusste, (macht-) politische Entscheidung von Politikern und Völkern …" gesehen (Bellers 1984: 214). Das neue Gebilde müsse föderalistisch organisiert sein und die vormals selbständigen Einheiten ablösen. Durch die allgemein akzeptierten Bestimmungen über die Aufgabenverteilung und Handlungsvollmachten werde sich dann die neue Funktionsausübung durchsetzen, wenn die Interessen der vormals selbständigen Staaten nicht verletzt würden. Die Funktionen folgen also der Form: Betont wird die Relevanz der institutionellen Struktur. Als erfolgreiche Beispiele föderalistischer Integration werden meist die USA und die Schweiz herangezogen.

Die Europäische Union scheint im gegenwärtigen Zustand am ehesten der Vorstellung der Konföderalisten zu entsprechen: einer Zusammenarbeit von Staaten, die möglichst weitgehend an ihrer Souveränität festhalten, eine zwischenstaatliche Zusammenarbeit auf wichtigen, aber genau abgegrenzten Gebieten aufzubauen bereit sind, in supranationaler oder intergouvernementaler Form. Wie bereits im ersten Teil herausgearbeitet, entspricht die sich dabei herausbildende institutionelle Struktur nur in Teilbereichen derjenigen der Mitgliedsstaaten: als zentrale Institution existiert eine Kommission aus internationalen Beamten, mit begrenzten, aber realen hoheitlichen Befugnissen, deren Autonomie durch den Gründungsvertrag gesichert ist. Daneben besteht ein aus Vertretern der nationalen Regierungen gebildeter Ministerrat, der die Interessen der Mitgliedsstaaten in der Willensbildung zur Geltung bringt. Seine Beschlüsse sind prinzipiell auch dann für alle beteiligten Staaten verbindlich, wenn sie mit den vertraglich festgelegten Mehrheiten, aber nicht einstimmig, zustande kommen. Eine übernationale Versammlung aus Parlamentariern wird in den Willensbildungsprozess eingeschaltet. Ein übernationaler Gerichtshof kann über die Einhaltung der vertraglichen Regelungen wachen und Streitfragen innerhalb der Gemeinschaft verbindlich entscheiden. Viele Bereiche sind ausweislich nicht supranational, sondern intergouvernemental geregelt und die Kennzeichnung der EU als Bundesstaat stößt auf Kritik.

Da die nationalen Regierungen, Behörden, Verbände und Parteien Verzerrungen im Integrationsprozess ausschließlich der supranationalen Organisation zuschreiben, kommt es zu desintegrativen Phasen und offenen Krisen. Tatsächlich verursachen einzelne beteiligte Regierungen von Mitgliedstaaten durch Verweigern gemeinsamer Lösungen (Opting-Out), durch Zusatzvereinbarungen und Ausnahmeregelungen Krisen der Integration. Für das Fortbestehen einer supranationalen Organisation ist wesentlich, dass es ihr gelingt, die mit wachsender Komplexität verbundenen Spannungen selbst zu regulieren. Diese beziehen sich vor allen Dingen auf den Nutzen und die Kosten des Zusammenschlusses. Es herrschen in der Regel konkordante Entscheidungsstrukturen vor. Dagegen sind die für demokratische Prozesse üblichen Regelungsvorgänge bislang unterentwickelt: Aktivierung von Zustimmung durch direkte Wahlen, Wahrnehmung parlamentarischer Kompetenzen und demokratische Kontrollen. Ob sich daraus tatsächlich ein neuer, souveräner Staat mit demokratischen Strukturen entwickeln kann oder soll, ist völlig offen.

Bisher hat die Output-Orientierung die Forderungen nach demokratischen Strukturen in den Hintergrund treten lassen. Sie half eine Überforderung einzelner Mitgliedstaaten zu vermeiden und die Loyalität der Menschen zu Europa zu stärken, solange für sie ein Nutzen zu verzeichnen war. Aber das sagt noch nichts über die Entwicklungen in einer Krise aus. Auch dann muss das System auf Akzeptanz stoßen, was sowohl Hinnahme als auch aktive Unterstützung beinhaltet (Abromeit 2000: 60). Aktuell wird bereits hervorgehoben, dass die erhobenen Werte in der Bevölkerung für Hinnahme nicht negativer geworden sind (Eurobarometer-Umfragen; zur langfristigen Entwicklung dieser Werte s. Abromeit 2000: 61f.)[4]. Eine erfolgreiche Grundierung wäre

---

[4] Die aktuellsten Umfrageergebnisse, die von verschiedenen Instituten vorgelegt werden, stimmen skeptischer. So ergibt eine Umfrage des Instituts THS Emnid eine negative Bewertung des Euro (FAZ v. 18.09.2012); des Instituts You-Gov eine kritische Haltung und Verunsicherung der Deutschen angesichts der Euro-Krise (Solinger Tageblatt (ST) und Nord West Zeitung (NWZ) v. 08.09.2012) und eine Umfrage der R+V Versicherung, dass die Deutschen sich Sorgen wegen der Euro-Krise machen, weil sie Kosten für die Steuerzahler

aber erst durch gemeinsame Werte gegeben. Hier sieht sich das christliche Abendland allerdings Einflüssen ausgesetzt, die einerseits intern mit der abnehmenden Kirchenbindung verblassen, andererseits als Herausforderungen durch die multikulturelle Gesellschaft entstehen. Dass der bisherige Integrationsprozess maßgeblich zur Friedenssicherung in Europa beigetragen hat, wird von Generationen, die den Horror von Kriegen nur aus der Fernsehberichterstattung über ferne Konfliktherde kennen, als Wert weniger hoch gewichtet. Die Erfolge bei der Begleitung von Transformationsprozessen von autoritären und totalitären Staaten sind ebenso für viele Bürger nicht unmittelbar relevant, da sie teilweise auch mit hohem finanziellen Engagement einhergingen. Jenseits der organisierten Politik gibt es keine breit in der Gesellschaft verwurzelte und von ihr getragene Forderung nach „mehr Europa" (Neyer 2012: 137). Zum genaueren Erfassen von Erfolgen des europäischen Integrationsprozesses müssen daher die Analysen zu den einzelnen Politikfeldern betrachtet und die Entscheidungsprozesse im Hinblick auf ihr Demokratiepotential geprüft werden.

durch die Schuldenkrise befürchten (NWZ v. 07.09.2012). Daraus schließt Lanig (2012): „Europäische Idee weckt wenig Enthusiasmus".

5 Politikfelder und Demokratie

Hier stellt sich die Frage, ob die nationalen Fachpolitiker (wie sie im Ministerrat vertreten sind) die wesentlichen Vorbereiter und letztendlichen Entscheider in Kooperation mit dem Europäischen Parlament sind, oder ob sich daneben – quasi im Schatten der Hierarchie und ohne demokratische Legitimation – die eigentlichen Politikprozesse abspielen, die dann nur noch durch nationale Regierungsmitglieder und die Mitglieder des europäischen und der nationalen Parlamente abgesegnet werden. Weiterhin ist wichtig, ob das direkt gewählte Europäische Parlament seit seinem Kompetenzzuwachs Wesentliches zur besseren Legitimation von Entscheidungen beigetragen hat oder beitragen kann.

Ob die Analyse und anschließende vergleichende Betrachtung eine generelle Bewertung aller Politikfelder im Hinblick auf Demokratiedefizite erzielen kann, scheint deshalb fraglich, weil die einzelnen Studien jeweils nur ein spezielles Politikfeld betrachten, die Gemeinsamkeiten mit anderen aber nicht beachten (Tömmel 2008: 19). Zudem ist die empirische Basis einzelner Studien recht schmal und die Frage, ob sich die Ergebnisse verallgemeinern lassen, angemessen (Tömmel 2008: 19f.). Jedenfalls lässt sich nach dem Herausarbeiten der Steuerungsmodi erkennen, ob die dabei involvierten Akteure zumindest in der Mehrzahl demokratisch legitimiert sind und kontrolliert werden können oder ob ein unkontrollierbares Geflecht von Netzwerken mit der Dominanz von „escape routes" (Heritier 1999) der Transparenz entgegensteht.

Wie auch im nationalen Rahmen erarbeitet natürlich die Verwaltung (auf europäischer Ebene die Kommission) die Verfahrensvorschläge. Dann beginnt aber im Rat ein Bargaining um die anzuwendenden Policies. Besonders dann, wenn es um die Distribution von Ressourcen geht, scheinen Entscheidungsblockaden unwahrscheinlicher, z. B. bei den Vergabemodalitäten von Mitteln aus den Strukturfonds. Zwar müssen Konkurrenzsituationen einkalkuliert werden, aber der absehbare Nutzen schafft einen gewissen Anreiz, zu einer Entscheidung zu gelangen. Benz spricht hier von „Anreizsteuerung" (Benz 2000: 153). Bei ihren Kompromissen müssen die Mitglieder des Rates natürlich ihre nationalen „Auftraggeber" (ihre Regierung als Gesamtheit, ihre Parlamentsfraktionen, Parteien und die öffentliche Meinung) im Blick behalten, zumal wenn nationale Parlamente oder die Bevölkerung insgesamt noch zustimmen müssen.

Das Europäische Parlament ist im Hinblick auf die übernational einzurichtenden Fraktionen eher schwach. So schätzen Kenner nicht die Fraktionen als die Einflussreichen im Entscheidungsprozess, sondern die Ausschüsse, die sich mit bestimmten Policies beschäftigen (Lenschow/Reiter 2008: 162). Die Koordinierung der Arbeit erfolgt in enger Kooperation mit den Generaldirektionen, bleibt also politikfeldspezifisch, nicht insgesamt integrierend. Hierfür muss eher die „normative Zugkraft" des europäischen Binnenmarktprojekts sorgen, so dass sich die Einzelpolitiken gern dieser Perspektive bedienen, um eine Kompetenzausweitung zu erreichen (Lenschow/Reiter 2008: 163).

In der Politikfeldanalyse werden allgemein die regulative, die redistributive und die distributiven Politiken unterschieden. Dabei ist die Zuordnung zu einer Kategorie nie einfach. Besonders schwierig ist die Abgrenzung von distributiver und der redistributiver Politik. Distributive Politik ist meist auch mit redistributiven Anteilen verbunden.

Bei den regulativen und redistributiven Politiken scheinen unterschiedliche Werte an Bedeutung zu gewinnen. Hier bevorzugen die Akteure aus dem rechten und linken Lager meist voneinander abweichenden Schwerpunkte: die einen pochen eher auf Freiheiten (Verzicht auf größere Eingriffe), die anderen sind im Hinblick auf die Gleichheit eher geneigt, Einhegungen vorzunehmen (Anwendung regulativer Politik). Die redistributive Politik ist je nach den angestrebten Umverteilungsergebnissen eher dem Streben nach mehr Gleichheit zuzuordnen, ein Verzicht auf dieses Instrument folgt der Zielvorstellung von mehr Freiheit. Da in den einzelnen Politikfeldern unterschiedliche Steuerungsinstrumente mehr oder weniger intensiv zum Einsatz kommen, sollen die Zuordnungen zu den etablierten Kategorien hier keine Rolle spielen. Vielmehr scheint die These für die Zuordnung wichtiger, dass im wirtschaftlichen Bereich eine Integration auf Kosten der sozialen Dimension stattgefunden hat. Scharpf spricht von negativer Integration vs. positiver Integration. Daher sollen diese beiden Aspekte die weitere Betrachtung leiten.

Außen- und Sicherheitspolitik hatten bisher im Integrationsprozess eine Sonderrolle, die sie auch bei dieser zusammenfassenden Darstellung haben werden.

5.1 Entscheidungsprozesse für die Wirtschaftsentwicklung

Der einheitliche Wirtschaftsraum stand seit Gründung der EWG im Mittelpunkt des Interesses der Gründerstaaten. Die Vergemeinschaftung erreichte durch die Wirtschafts- und Währungsunion (WWU) mit dem Euro als Gemeinschaftswährung den bisherigen Höhepunkt. Zur Wirtschaftsentwicklung gehören funktionierende Finanzmärkte, die seit der aktuellen Krise eine ernsthafte Gefährdung nicht nur der europäischen, sondern auch der Weltwirtschaft darstellen. Weiterhin ist die Infrastrukturpolitik, insbesondere für die Angleichung des wirtschaftlichen Entwicklungsstandards der Teilgebiete der EU, von erheblicher Bedeutung. Schließlich geht es bei der Standortsicherung für Unternehmen und Neuerschließung von Standorten darum, dass dabei die Umweltbelastungen berücksichtigt und durch gemeinsame Regeln für die Umweltpolitik koordiniert werden. Die Angleichung von Unternehmensformen und die Sicherheit von Produkten sind für die internationale Kooperation von Unternehmen bzw. für den Hersteller, aber auch den Verbraucher von Bedeutung. Natürlich lassen sich auch die Dienstleistungsrichtlinie, die Einwanderungspolitik und die Sicherheitspolitik in ihren Auswirkungen auf die Unternehmensentwicklung zurechnen. Sie sollen hier allerdings im weiten Bereich der Sozialpolitik bearbeitet werden.

5.1.1 Wirtschafts- und Währungsunion: Effizienz erdrückt Demokratie

Die Wirtschafts- und Währungsunion (WWU) ist aufs Engste mit der Wiedervereinigung Deutschlands im Zusammenhang zu sehen: Die WWU ist quasi der politische Preis dafür. Die damalige Bundesregierung sah die politische Einigung Europas und die Einführung einer gemeinsamen europäischen Währung stets als „die zwei Seiten einer Medaille" (Winkler 2012: 6; so auch Wirsching). Dem damaligen französischen Staatspräsidenten Mitterand ging es vor allem darum, die starke Deutsche Mark so schnell wie möglich in der europäischen Währung aufgehen zu lassen, um damit zu verhindern, dass das wiedervereinigte Deutschland in Europa zu mächtig würde. „Die politische Union wollte Mitterand zwar auch, aber nicht in der dichten, supranationalen Form, wie sie Bonn vorschwebte" (Winkler, ebenda). So kam es vor allem zur Einführung des Euro, vielleicht verfrüht und überstürzt, wie damals von Finanzfachleuten und angesichts der aktuellen Krise von Kritikern betont wird (z. B. Schwarz 2012).

Die Vollendung der Wirtschafts- und Währungsunion mit der Einheitswährung Euro ist ein wirkliches Integrationsprojekt nach Zollunion und Binnenmarkt. Dies konnte nur funktionieren, wenn alle Marktteilnehmer gleichen Bedingungen unterliegen und Wechselkursunsicherheiten wegfallen. Die Risiken wurden von deutscher Seite wohl gesehen. Nach den Maastricht-Verhandlungen stimmte die deutschen Verhandlungspartner der WWU nur unter der Bedingung zu, dass eine zu hohe Staatsverschuldung eines Staates nicht zu einer Umverteilung innerhalb der EU führen sollte (No bail-out Regel). Insbesondere Deutschland strebte ein Verfahren zur Beherrschung der nationalen Schuldenstände an. Für einen Schuldenzuwachs von mehr als 3 Prozent des Bruttoinlandsprodukts (BIP) wurde eine automatische Geldstrafe vorgesehen. Nur die Niederlande unterstützten Deutschland damals, allerdings wurde der Vorschlag des Stabilitätspaktes doch durchgesetzt (Artikel 104c). Die Schuldenbremse bedeutete zunächst einmal eine Begrenzung der nationalen Finanzautonomie.

Die Wirtschafts- und Währungsunion hat vielen Euro-Ländern zu ungewöhnlich vorteilhaften Konditionen für Kredite verholfen, um ihre Defizite zu finanzieren. Dies führte zu einer übermäßigen Kreditaufnahme in den PIIGS (Portugal, Irland, Italien, Griechenland und Spanien) und einem Wirtschaftsboom, der allerdings auch zu Fehlallokationen bei diesen Staaten und bei Privaten führte. Denn deren Lohnstückkosten hatten sich relativ zum Eurozone-Durchschnitt ständig erhöht. Dadurch ergab sich ein Auseinanderdriften der Wettbewerbsfähigkeit im Euro-Raum. Auf staatliche und private Anleger (Banken und Versicherungen) wirkten staatliche Anleihen dieser Länder verlockend. Seit 2009 wurde die Kreditwürdigkeit einzelner Staaten der Eurozone jedoch angezweifelt, was die Zinsen dieser Länder deutlich steigen und damit die Kosten für deren Verschuldung unerträglich in die Höhe schnellen ließ. Gleichzeitig verschlechterte sich die Rückzahlungsfähigkeit dieser Länder weiter. Die mangelhafte Wettbewerbsfähigkeit bringt hohe Arbeitslosigkeit in den PIIGS mit sich, besonders unter Jugendlichen.

Die Krise im Euro-Raum hätte sich nicht so zugespitzt, wenn nicht die Bankenkrise, die in den USA ihren Ausgang nahm, weltweite Auswirkungen gehabt hätte. Die führenden Politiker in Europa sahen es als wichtigste Herausforderung an, das Vertrauen in Staatsanleihen wiederherzustellen, die zuvor als sichere Geldanlagen galten. Dazu wurde angesichts der Wirtschaftskrise 2009 ein sogenannter Rettungsschirm geschaffen: der Europäische Fiskal- und Stabilitätsfond (EFSF), der bis 2013 befristet ist (Deutsche Bürgschaft: 211

Milliarden). Er sollte früher als ursprünglich geplant, schon Mitte 2012 durch den permanenten Europäischen Stabilitätsmechanismus (ESM)[5] ersetzt werden (mit 500 Milliarden abrufbarem Kapital und einem Stammkapital von 700 Milliarden aus Bareinzahlungen der Eurostaaten). Deutschland ist mit 248 Milliarden beteiligt, einzuzahlen in Tranchen). Nach dem Urteil des Bundesverfassungsgerichts vom 11. September darf die Haftungssumme Deutschlands 190 Milliarden Euro nicht automatisch überschreiten. Das bedeutet allerdings nicht, dass die Summe nicht mit Zustimmung des Bundestages erhöht werden kann. Erwogen wurde, das Geld aus dem EFSF an den ESM zu übertragen, was aber in Kopenhagen im März 2012 abgelehnt wurde. So steht dieses Geld noch bis zum Start des ESM zur Verfügung.

Der kann erst erfolgen, wenn 90 Prozent des Stammkapitals bereitstehen und der Vertrag von den Parlamenten ratifiziert ist. Das Geld ist noch nicht insgesamt verplant (FAZ v. 29.03.2012; s. d. auch Scheller 2012). Das maximale Risiko (bei Zusammenführung beider Fonds) wird auf 940 Milliarden Euro veranschlagt, allerdings wurde offiziell die Höhe der „Brandmauer" nur auf 800 Milliarden festgesetzt (FAZ v. 31.03.2012). Die Erhöhung war nötig, weil der ESM zusätzliche Aufgaben übernehmen soll: er kann künftig Staatsanleihen aufkaufen und zur Banken-Rekapitalisierung beitragen. Eine direkte Rekapitalisierung der Banken wurde zunächst ausgeschlossen. Vielmehr sollten sich die nationalen Regierungen Kredite aus dem Rettungsfonds beschaffen, um damit ihre Banken zu retten (FAZ v. 19.04.2012)[6]. Die direkte Bankenhilfe soll jetzt an eine verschärfte Aufsicht gebunden werden (Beschluss des Juni Gipfels, s.u.). Auch der Internationale Währungsfonds (IWF)[7] hat seine Hilfsmittel weiter erhöht – zuletzt auf dem G20-Gipfel, um der Euro-Zone den Rücken zu stärken. Von Deutschland werden 41,5 Milliarden Euro nach Washington fließen (ST v. 23.04.2012).

---

[5] Dazu ist eine vereinfachte Änderung des EU-Vertrages notwendig.

[6] Wie der ESFS ist der ESM eine internationale Finanzorganisation mit Sitz in Luxemburg. Beschlüsse fasst beim ESM ein Gouverneursrat, dem die Euro-Finanzminister angehören. Die Gewichtung der Stimmen erfolgt nach der Übernahme der Sicherheiten (Plickert u. a. 2012), Deutschland hat hier eine Sperrminorität. Auf auslegungsfähige Formulierungen bezüglich der Entscheidungsfähigkeit und ihrer Reichweite weist Knop (2012) hin. Lange hat sich die deutsche Regierung gegen eine Änderung der Beschlüsse gewehrt, die die Vergabe von Krediten regeln, also z. B. eine Direktzahlung an Banken (FAZ v. 31.05.2012) und vor allem – wie der Internationale Währungsfonds (IWF) – vorsorgliche Kreditlinien zu gewähren (FAZ v. 01.12.2011). Bisher wird eine Bankenlizenz für den ESM mit Erfolg abgewehrt (FAZ v. 30.08.2012).

[7] Es handelt sich um eine Sonderorganisation der Vereinten Nationen, deren Aufgaben u. a. die Förderung der internationalen Zusammenarbeit und die Währungs- und Geldpolitik ist.

Diese Instrumente wurden in zahlreichen Krisensitzungen unter maßgeblicher Führung der Staats- und Regierungschefs von Deutschland und Frankreich ausgehandelt – also intergouvernemental – und die Ergebnisse in der Folge als alternativlos bezeichnet. Dabei wurde die Politik von der Sorge getrieben, die Finanzkrise würde eine Systemkrise verursachen, die nicht mehr zu beherrschen sein könnte. Die Politik machte sich also einseitig zum Anwalt von Banken und Versicherungen, deren ungezügelte Entscheidungsfreiheit am Markt Fehlallokationen und damit eigene extreme Bedrängnisse verursacht hatten, die durch allgemeine Steuermittel stabilisiert werden mussten. Die soziale Komponente blieb dabei auf der Strecke. Die Schieflage ist offensichtlich und wird viel zu selten öffentlich diskutiert (s. d. Steinbrück 2012: 33).

Diese Vorgehensweise ist allerdings umstritten (FAZ v. 08.12.11). Dies gilt sowohl für den Entscheidungsprozess als auch für die Ergebnisse. Es besteht Konsens, dass die Höhe nicht so bedeutend ist, weil sie nichts gegen die mangelhafte Wettbewerbsfähigkeit und die Überschuldung der auf die Fonds potentiell angewiesenen Staaten ausrichten kann. Aber sie birgt für die das Geld bereitstellenden Staaten eine „Schattenverschuldung", weil sie Bankengarantien bzw. implizite Verpflichtungen gegenüber anderen Staaten beinhaltet (FAZ v. 13.04.2012). Kritiker sehen zudem den ESM als einen Schritt in die Transferunion und den Bundesstaat. Gegen die Umwandlung der EU in einen Bundesstaat hatte sich aber bereits das Bundesverfassungsgericht verwahrt. Eine gegenseitige Haftungsübernahme für Schulden anderer Staaten schien nach dem Maastricht-Vertrag ausgeschlossen. Daher wurde das Bundesverfassungsgericht von unterschiedlichen Akteuren angerufen. Unter den prominentesten waren Herta Däubler-Gmelin (ehemalige Bundesjustizministerin, SPD) und Christoph Degenhart (Universität Leipzig). Sie reichten eine Verfassungsbeschwerde für die Organisation „Mehr Demokratie", die Freien Wähler und die ÖDP ein. Weitere Wissenschaftler waren u. a. Albrecht Schatzschneider, Wilhelm Hankel sowie Joachim Starbatty (Jahn 2012). Die Wissenschaftler wie auch die Fraktion Die Linke und Peter Gauweiler (CSU) fordern mit ihren Gang nach Karlsruhe bei den nicht überschaubaren Belastungen bzw. einer Haftungsübernahme u. a. eine Volksabstimmung.

Dass eine gegenseitige Haftung für Schulden ein Schritt in Richtung Bundesstaat ist, kann nicht geleugnet werden. Voraussehbar war, „dass bei einer übermäßigen Verschuldung eines Mitgliedslandes in letzter Konsequenz mit einem Zahlungsausfall zu rechnen sein würde" (Feld 2012: 10). Insofern sei die Nichtbeistandsklausel von Beginn an unrealistisch gewesen (ebenda). Die o. a. Klagen verzögerten zumindest das Inkrafttreten des ESM. Sie hatten aber das Ergebnis, dass das Bundesverfassungsgericht nicht nur die Begrenzung der Haftungsgrenze festgesetzt hat sondern auch auf eine umfassende Rechenschaftspflicht des ESM pocht (FAZ v. 14.09.2012).

Die Kritiker des ESM, die das Bundesverfassungsgericht angerufen hatten, lehnen auch den Fiskalpakt ab, weil sie dadurch auch die Haushaltsautonomie des Bundestages untergraben sehen (Jahn 2012). Die Bereitstellung von Geld aus dem Rettungsschirm für die krisengeschüttelten Staaten (PIIGS) soll nämlich mit Restriktionen für das Finanzgebaren dieser Länder verbunden sein. Diese Schuldenbremse wird aber für alle Euro-Staaten verbindlich. Dabei griffen die Entscheider auf ein Instrument zurück, dass bei der Einführung des Euro bereits nicht funktioniert hat: die dabei durchgesetzte Schuldenbremse war spätestens seit 2005 verwässert worden, weil sie aufgrund der konjunkturellen Lage einzelner Staaten, u. a. von Deutschland, nicht beachtet wurde. Denn auch Deutschland durchlief eine schwierige Wirtschaftsentwicklung, die Kanzler Schröder zu schmerzhaften Reformen zwang. Aber Lohnzurückhaltung und Investitionen im eigenen Land haben Deutschland aus der Krise herausgeführt (Bogenberger Erklärung 2011: 12f.), so dass Deutschland mittelfristig zum Wettbewerbsgewinner wurde. Nicht die Schuldenbremse, sondern strukturelle Reformen haben die Wettbewerbsfähigkeit Deutschlands gestärkt.

Dies hält aber die Meinungsführer im Euro-Raum nicht davon ab, eine Schuldenbremse erneut durchsetzen zu wollen. Im Dezember 2011 verpflichteten sich die europäischen Staats- und Regierungschefs flankierend auf eine Verschärfung des Stabilitäts- und Wachstumspakts[8] (Brüssel 09.12.2011), allgemein Fiskalpakt genannt. Angestrebt ist Verfassungsrang (zwischenstaatlicher Fiskalvertrag), der EuGH in Luxemburg soll für die korrekte Anwendung der Schuldenbremse zuständig sein. Im Einzelnen geht es vor allem um die verschärfte Überwachung der Haushaltspolitik der Länder, deren Kreditwürdigkeit nicht mehr gegeben ist. Die Kommission beansprucht für sich dabei besondere Rechte (FAZ v. 24.11.2011). Schon in der Aufstellungsphase der Haushalte kann sich die EU-Kommission einschalten. Bei Defizitverfahren (Überschreitung des Referenzwertes von 0,5 Prozent des Bruttoinlandsprodukts) erfolgt bereits eine Prüfung der Wirtschafts- und Finanzpolitik der Mitgliedstaaten (im Rahmen des sogenannten europäischen Semesters), um frühzeitig Fehlentwicklungen in der Haushalts- und Finanzpolitik zu erkennen, Reformbedarf in Lohn-, Arbeitsmarkt- und Forschungspolitik frühzeitig zu identifizieren und damit Entscheidungen über die Freigabe von EU-

---

[8] Stability and Growth Pact (SGP) mit sechs Regeln, daher auch Six Pack genannt.

Fördermitteln treffen zu können. Inzwischen haben sich auch acht Nicht-Euro-Staaten dem Fiskalpakt angeschlossen.[9]

Insbesondere für die Euro-Staaten, die auf den Rettungsschirm angewiesen sind, wird die Einhaltung zu einer innerstaatlichen Herausforderung. Allerdings werden die Kontrollmaßnahmen als schwach eingeschätzt. Sie laufen eher „freiwillig" außerhalb der EU-Verträge ab (Breuss 2012: 10; s. a. Muster 2012). Es sollen zwar Strafen fällig werden, die aber allgemein nicht besonders bedrohlich sind. Die Sinnhaftigkeit einer Sparpolitik angesichts wirtschaftlicher Probleme wird als Ausweg aus der Krise nicht nur von den besonders betroffenen Staaten angezweifelt, sondern auch von Parteien des linken Spektrums in den Niederlanden und Frankreich. So wird dem französischen Staatspräsidenten bereits unterstellt, dass er diesen Kurs für Frankreich nicht verfolgen wird (Wiegert 2012). Den südeuropäischen, hochverschuldeten Staaten bietet sich Frankreich dadurch bereits als Kooperationspartner für weitergehende Hilfsmaßnahmen an, bei denen die Europäische Zentralbank (EZB) die zentrale Rolle spielt.

Neben den Institutionen der Europäischen Union, die durch die krisenhafte Entwicklung bereits in ihrer Bedeutung erheblich gestärkt wurden, weil sie für die Verabschiedung der Instrumente zur Bewältigung der Krise verantwortlich sind – also neben dem Europäischen Rat als wesentlichem Entscheidungsträger, dem EuGH und der Kommission als Implementationsinstanzen für den Fiskalpakt – gilt dies auch für die Europäische Zentralbank (EZB). Im Herbst 2011 hatte sich angesichts von deutsch-französischen Divergenzen quasi ein „war cabinet" gebildet, zu dem auch die EZB gehört: Mitglieder waren der französische Staatspräsident, die Bundeskanzlerin, die Präsidenten der EU-Kommission und des Europäischen Rates und der EZB sowie die Generaldirektorin des IWF (Bitterlich 2012: 25).

Bei der EZB handelt es sich um eine „mächtige unabhängige Institution". Vor allem ist die EZB für die Durchführung einer einheitlichen Geldpolitik zuständig und Hüterin der Geldwertstabilität. Daneben arbeitet das Europäische System der Zentralbanken (ESZB) unabhängig an der gleichen Aufgabe (Schürz 2000: 216). Die EZB sollte nach dem Vorbild der Deutschen Bundesbank geschaffen werden. Dies ließ sich offenbar nicht so vorbildhaft realisieren. Der angesehene Ökonom Sinn sieht den EZB-Rat unter maßgeblichem Einfluss Frankreichs und der Mittelmeerstaaten (FAZ v. 18.02.2012). Inzwi-

---

[9] Euro-Plus Pact. Dies sind Bulgarien, Dänemark, Lettland, Litauen, Polen und Rumänien.

schen ist die EZB zum wichtigen Akteur in der Krise geworden, indem sie sich auch in die Politik einmischt.

Die Krisenländer haben auch versucht, ihre haushaltspolitische Schieflage durch die Notenpresse in den Griff zu bekommen. „Der Rat der Europäischen Zentralbank (EZB) hat diesen Vorgang nicht nur toleriert, sondern durch eine Absenkung der Sicherheitsstandards für Refinanzierungskredite an die Banken tatkräftig unterstützt" (Bogenberger Erklärung, s. u.; FAZ v. 23.06.2012). Weiterhin hat die EZB die Zentralbanken beauftragt, Staatspapiere hochverschuldeter Länder zu kaufen. Sie selbst kündigte Anfang September 2012 an, unbegrenzt Staatspapiere der Krisenstaaten zu kaufen, die von den Banken keine Kredite mehr bekommen, allerdings unter Auflagen, z. B. denen, die für die Nutzung des ESM zu erfüllen sind. Dadurch wird der Artikel 123 des EU-Vertrags verletzt, durch den die Staatsfinanzierung eindeutig verboten ist (Bodenberger Erklärung, s. u.). Mittlerweile stellt die EZB den Banken Liquidität in großem Umfang zur Verfügung.

Gegen die lockere Geldpolitik gibt es schon seit Jahren Protest von deutscher Seite. Dies gilt sowohl für Politiker der SPD als auch von einzelnen aus der FDP und der CSU. Auch traten Axel Weber (ehemaliger Bundesbankpräsident) und ebenso der EZB-Direktor Jürgen Stark vorzeitig zurück (Ruhkamp 2012: 16). Zu den entschiedenen Kritikern gehört auch der jetzige Bundesbankpräsident Jens Weidmann. Diese Geldpolitik kann durchaus sinnvoll sein, wenn damit die Funktionsweise des Bankensystems sichergestellt werden muss. Denn die Reformprozesse in den Problemländern laufen viel zu langsam. Die Begründung der Maßnahmen wäre dann: „Die EZB ist eingesprungen, weil die Politik ihre Hausaufgaben nicht schnell genug erledigen konnte" (Nonnenmacher 2012; s. d. auch Plickert 2012). So sehen die Befürworter, die Rettung der Währungsunion als Priorität.

Die Vorgehensweise der EZB birgt gleichwohl auf mittlerer und längerer Frist Inflationspotential, „wenn es nicht gelingt, diese Liquidität rechtzeitig aus dem Markt zu nehmen" (Feld 2012:10). Der Aufkauf der Staatspapiere durch die EZB bedeutet auch, dass die Euro-Staaten zu hohen Risikoübernahmen gezwungen werden, die jetzt ihre Finanzen noch in Ordnung haben, also die nordeuropäischen (s. d. Hau/Hege 2012: 14). Daher wird auch das Entscheidungssystem der EZB kritisiert: Der Rat entscheidet mit Mehrheit. Weidmann hat im 23 Köpfe zählenden EZB-Rat nur eine Stimme und muss ständig um Verbündete werben. Hier wäre es angemessener, Stimmengewichte nach Haftungsrisiken vorzusehen (Bodenberger Erklärung).

„Die demokratische Rechenschaftspflicht der EZB ist im Vergleich zu jener der nationalen EU-Notenbanken nur sehr schwach ausgebildet" (Schürz 2000: 220). Die EZB hat dem Rat, der Kommission und dem Europäischen Parlament einen Jahresbericht vorzulegen. „Auf Ersuchen des Europäischen Parlaments können der EZB-Präsident und andere Mitglieder des Direktoriums vor den zuständigen Ausschüssen des Europäischen Parlaments gehört werden" (Schürz 2000: 220). Die Rechenschaftspflicht ist inhaltlich nicht ausreichend konkretisiert (ebenda). Auch wird sie gegenüber Institutionen geleistet, die keine Sanktionsmöglichkeiten haben (ebenda: 221).

Der Präsident des Europäischen Rates Van Rompuy legt die Beschlüsse zur Bewältigung der Krise dem Europäischen Parlament regelmäßig vor. Auch die nationalen Parlamente müssen den Instrumenten der Krisenbewältigung zustimmen. Hier zeigen sich allerdings bemerkenswerte Kräfte des Widerstands, die nicht auf grundsätzliche Ablehnung aber auf Modifikationen hinauslaufen. Gegen die unmittelbare Akzeptanz des Gesetzgebungsvorschlags der Kommission zum Fiskalpakt, der im Wesentlichen dem von den Staats- und Regierungschefs ausgehandelten entspricht, setzt sich das Europäische Parlament zur Wehr. Die Abgeordneten befürworten zwar eine verstärkte Kontrolle der nationalen Haushalte durch die EU, sie wollen allerdings mehrheitlich eine Verknüpfung mit einem Wachstumsfonds (mit der EVP aber gegen die deutschen Unionsabgeordneten beschlossen) (FAZ v. 14.06.2012).

Auch mussten die nationalen Parlamente dem Rettungsschirm und dem Fiskalpakt erst noch zustimmen (in Deutschland Bundestag und Bundesrat je mit Zweidrittel-Mehrheit), um den Beschlüssen des Rates Legitimität zu verleihen. Denn das Bundesverfassungsgericht hält die Legitimation der Entscheidungen auf europäischer Ebene nur durch den von den Bürgern gewählten Bundestag für möglich. Viele befürchten allerdings, dass der Bundestag zu einem „Abnicker-Gremium" verkommt, wenn ihm vorgetragen wird, dass zur Vermeidung einer Finanzpanik schnelles Handeln erforderlich war. Das Bundesverfassungsgericht schließt sich diesen Kritikern an und forderte vor der Abstimmung eine umfassende Information (Juni 2012). In den anderen Mitgliedstaaten ist die Zustimmung der Parlamente zum Fiskalpakt keineswegs sicher. Die Kritiker, u. a. der neue sozialistische französische Staatspräsident, die Regierungschefs von Italien und Spanien (wie auch die SPD und die Grünen in Deutschland) haben inzwischen eine zusätzliche Wachstumsstrategie durchgesetzt. In den Niederlanden ist die Partei der Arbeit zwar Oppositionspartei aber Unterstützer der Minderheitsregierung in europäischen Fragen. Ihre Zustimmung wird allerdings an Voraussetzungen gebunden. Irland musste sogar ein Referendum abhalten (im Mai 2012). In einigen Mitgliedstaaten verstärkt sich der Widerstand gegen die Schuldenbremse. Die nationalen Abgeordneten machen sich diese Entscheidungen nicht leicht, denn Rückschritte im sozialen Bereich sind vor allem in den Krisenstaaten durch Entscheidungen zur Haushaltsdisziplin unverkennbar.

Kritiker der ergänzenden Forderungen weisen allerdings darauf hin, dass seit der Zusammenkunft der Staats- und Regierungschefs in Lissabon im Jahre 2000 versucht wird, durch entsprechende Beschlüsse eine Wachstumsstrategie in die Tat umzusetzen. Die EU sollte nach dieser Zielvorstellung „zum wettbewerbsfähigsten und dynamischsten wissensbasierten Wirtschaftsraum der Welt" entwickelt werden. 2005 konzentrierte sich die Zielvorstellung stärker auf das Wirtschaftswachstum, 2010 schlug der Kommissionspräsident eine Neuauflage vor, wobei es u. a. wieder um die Beschäftigungsquote, den Anteil der Hochschulabsolventen und die Forschungsausgaben ging, die bis zum Jahre 2020 erhöht werden sollten. Auch in den EU-Fonds stehen für die Kohäsionspolitik erhebliche finanzielle Mittel bereit (350 Milliarden für die Finanzperiode 2007 bis 2013).

Allerdings wird im Hinblick auf die Krisenstaaten der EU auch über eine ineffiziente Nutzung dieser Mittel berichtet (Kafsack 2012). Einigkeit besteht darin, dass finanzielle Anreize für Wachstum in den Problemstaaten nicht sofort wirken könnten, andere vermuten Effekte erst nach Jahren. Auch setzen die Politiker aus dem rechten Spektrum eher auf Strukturreformen, z. B. den Arbeitsmarkt und die Genehmigungspraxis bei der Wirtschaftsförderung betreffend, die die Haushaltskonsolidierungspolitik nicht gefährden dürften, während jene aus dem linken Lager eher auf die Nutzung von vorhandenen oder neuen Strukturfonds setzen. Schwerpunkt soll die Bekämpfung der Jugendarbeitslosigkeit sein. Sie rechnen vor, dass im ESF für die laufende Förderperiode 2007–2013 noch 75 Mrd. Euro bereit stehen, in ESF, EFRE und Kohäsionsfonds insgesamt für 2012 noch 232 Mrd. Euro, die nicht verplant sind. Zusätzliche Mittel sollen aus dem EU-Haushalt sowie der Europäischen Investitionsbank (EIB), und nach Vorstellung der SPD aus neu aufzulegenden „Projektbonds" kommen (SPD Parteivorstand v. 03.05.2012; SPD INTERN, 5/2012: 2; Kafsack 2012).

Andere Kritiker der Schuldenbremse und zugleich Veto-Spieler sind in Deutschland die Bundesländer. Sie befürchten, dass ihre Zustimmung dazu weitere Einschränkungen ihrer Handlungsfähigkeit bedeutet. Daher haben sie der Bundesregierung als Gegenleistung Finanztransfers abgerungen.

Um Entscheidungsgeschwindigkeit und Vertraulichkeit bei der Beteiligung des Bundestages zu verbessern sollte nach den Vorstellungen der Bundesregierung ein „Neuner-Sondergremium" geschaffen werden, das allerdings vom Bundesverfassungsgericht in seinem Urteil vom 28.02.2012 als nicht verfassungsgemäß verworfen wurde. Die Begründung der Regierungsmehrheit war, dass die „Demokratie nicht zum Spielball der Märkte" werden dürfe, „sondern im Gegenteil, dass die Arbeit des Parlaments so ausgerichtet wird, dass sie die Möglichkeit hat, die Märkte überhaupt zu beeinflussen" (von Altenbockum 2012).

Als problematisches Defizit der EU und insbesondere der Euro-Zone wird häufig das Fehlen einer europäischen Wirtschaftsregierung gesehen (Leiber/Schäfer 2008: 120). Einer zentralisierten Geldpolitik steht bislang eine dezentrale Wirtschaftspolitik gegenüber, die von den Räten (Europäischer Rat und Ministerräte: ECOFIN, Arbeitsminister, Sozialminister, Industrieminister) koordiniert (Art. 99) wird (Schürz 2000: 216f.). Eine besondere Bedeutung hat der ECOFIN. An Sitzungen zu bestimmten Themen nimmt auch der EZB-Präsident teil. Im Gegenzug können der Vorsitzende des ECOFIN-Rates und ein Mitglied der Kommission an den Sitzungen des EZB-Rates ohne Stimmrecht teilnehmen. Weiterhin kommt den Räten eine zentrale Rolle als Kommunikationspartner in die Mitgliedsländer zu.

Insgesamt ist die Bewältigung der Staatsschuldenkrise im Euro-Raum ein Anzeichen dafür, wie in einer solchen Situation demokratische Entscheidungsprozesse Gefahr laufen, ausgehebelt zu werden, weil sie in der EU viel zu langsam verlaufen. Allenfalls sind Nachbesserungen möglich. Die meisten Mitglieder des Bundestages aus Regierungs- und Oppositionsparteien sind sich einig, dass in der Krise mehr Europa (ohne penible Auslegung demokratischer Entscheidungsbefugnisse) nötig ist und haben deshalb den Vorschlägen der Regierung zugestimmt (im Juni 2012). Dies ist allerdings mit der Forderung verbunden, dass Parlamente (in Deutschland: Bundestag und Bundesrat) stärker an Entscheidungen beteiligt werden und dem Trend einer Intergouvernementalisierung in der Krisenbewältigung entgegentreten wird. Während sich die Kommission mit ihrem für Fragen der Wirtschafts- und Währungsunion zuständigen Kommissar Olli Rehn (inzwischen Vizepräsident der Kommission) einzubringen versuchte, war das Europäische Parlament in dieser Krise zunächst überhaupt nicht sichtbar (Cap 2012: 34). Dabei könnte es seine Kompetenzen in Fragen der Wirtschafts- und Währungsunion stärker einfordern, da seine Rechte seit dem Vertrag von Lissabon quasi denen des Rates gleichen (Weidenfeld 2012: 43). Weiterhin ist als ernstes Zeichen zu bewerten, dass demokratisch gewählte Regierungen in Griechenland und in Italien nicht in der Lage waren, die krisenhaften Entwicklungen in den Griff zu bekommen und es zu deren (vorübergehenden?) Ablösung durch ‚Expertenregierungen' (Ökonomen) gekommen ist.

Eine Demokratisierung der Entscheidungsabläufe in der EU darf angesichts solcher Krisen natürlich auch nicht auf Effizienz und Sachkompetenz verzichten. Zur Verbesserung der Krisenbewältigung im Euro-Raum wurde vorgeschlagen, dass der Eurogruppenchef (bisher Juncker) aufgewertet werden solle. Bei der Diskussion der Nachfolgefrage ging es auch um mehr Sachkompetenz des Nachfolgers – und dabei wurde auch der deutsche Finanzminister im Vorfeld abgelehnt (FAZ v. 24.03.2012). Da kein entsprechender Kandidat zu finden war, soll Juncker nun aus der Sicht der Finanzminister weiterhin für zweieinhalb Jahre den Vorsitz behalten (der Europäische Rat muss noch darüber entscheiden), wobei offen ist, ob Juncker die volle Zeit amtieren wird (FAZ v. 11.07.2012). Beim Einfordern von Sachkompetenz ist zu bedenken, dass niemand die Entwicklungen im Euro-Raum einigermaßen sicher voraussagen kann. Hierzu liegen bisher viel zu wenige wissenschaftlich fundierte Arbeiten und politische Erfahrungen vor.

Konsens besteht bei den meisten Parteien darin, dass der Euro beibehalten werden soll. Der Grund ist die Furcht vor einem finanziellen Chaos. Dennoch haben inzwischen Forscher an 69 historischen Beispielen aufgezeigt, dass es bei der Auflösung eines gemeinsamen Währungsraumes in der Mehrzahl der Fälle nicht zu einem langfristigen Schaden gekommen ist. Vielmehr habe dies in Schwierigkeiten geratenen Ländern geholfen, bald wieder zu gesunden (The Economist v. 07.04.2012, S. 33). Auch werden ständig Alternativvorschläge zum Euro-Raum publiziert. Kritiker sehen bei den ergriffenen Maßnahmen keine durchgreifende Rettung des Patienten. Es kämen drei Krisen zusammen: die Bankenkrise, die Staatschuldenkrise und die Wachstumskrise. Wenn eine bearbeitet würde, schade das der anderen (The Economist v. 31.03.2012: 36). Weitere Krisen seien wahrscheinlich. Zu bedenken ist allerdings, dass mit noch so vielen Sachkenntnissen fundierte politische Entscheidungen immer unter Unsicherheit erfolgen.

Demokratische Ablaufprozesse wurden bisher formal gewahrt. Es bleibt aber das Problem, dass die Finanzmärkte immer schneller waren als die Politik und diese somit in Entscheidungsdruck brachten. Denn die Finanzmärkte scheren sich nicht um die Errungenschaften der sozialen Marktwirtschaft, der sozialer Ausgleich und Wohlstand in den westlichen Ländern zu verdanken sind. Allerdings glaubt die SPD einen Hebel gefunden zu haben, um die Regulierung des Finanzmarktes vorantreiben zu können: sie will eine Finanztransaktionssteuer durchsetzen, um damit Spekulationsgeschäfte unrentabler zu machen und so zu verhindern.

5.1.2   Finanzmarktregulierung: Viele Akteure und Vorschläge bei Vollzugsdefiziten

Finanzdienstleistungen gelten als das Nervensystem jeder Volkswirtschaft. Sie umfassen Leistungen, „die von Kreditinstituten, Versicherungen, … und sonstigen Nichtbanken im Finanzsektor angeboten werden" (Lipke/Vander Stichele 2003: 6). „Finanzplätze zu fördern war weltweit üblich und auch Voraussetzung dafür, als Global Player in der Weltwirtschaft mithalten zu können" (Naßmacher 2010: 143). Das hatte aber auch eine Entgrenzung der Finanzdienstleister in räumlicher und sachlicher Hinsicht zur Folge. Seit der Finanz-, Wirtschafts- und Bankenkrise ab 2007 ist zudem das Vertrauen in die Selbstregulierung der Finanzmärkte geschwunden.

In den 1980er Jahren wurden durch die Politik der Deregulierung (auch für Finanzdienstleistungen) Veränderungen vorangetrieben und so das liberalste Kapitalmarktkontrollsystem geschaffen. Vorreiter war die britische Regierung unter Thatcher. Sie lag damit voll im Trend, denn die OECD drängte die Mitgliedstaaten in die gleiche Richtung (Naßmacher 2010: 149). „In der Folge und maßgeblich seit der Einführung des Euro ist ein freier Kapitalmarkt geschaffen worden, verbunden mit dem Abbau sämtlicher Kapitalverkehrsbarrieren, der Harmonisierung des Bankrechts und des Niederlassungsrechts für Töchter der Finanzdienstleister überall in Europa" (Lipke/Vander Stichele 2003: 3, 10). Es kam zur Bildung von Allfinanzkonzernen (unter Einschluss von Versicherungen und des Rentensystems) wie auch zu einer Konzentration im Bankwesen. Die Folge dieser Politik war, dass die Finanzbranche überall in der Welt hochriskante Geschäfte unternahm. „Diese Rahmenbedingungen für Finanzdienstleistungen haben die Kreditblase und die weltweite Finanzkrise … erst ermöglicht" (Naßmacher 2010: 147). Die Weltwirtschaft war ernsthaft gefährdet und die Rettungsmaßnahmen für Banken schienen daher alternativlos. Die Politiker mussten schmerzhaft erkennen, dass die Finanzmarktregulierung absolute Priorität haben müsste.

Bis 2012 scheinen die Regelungen keineswegs weit vorangekommen zu sein, obwohl es in Europa ein fast undurchschaubares Geflecht von Behörden mit unterschiedlichen Zuständigkeiten für Regeln und Aufsichtsfunktionen gibt. Die Forderung nach einer europäischen Finanztransaktionssteuer, wie sie von den Sozialdemokraten erhoben wurde, ist nur ein Hinweis. Weiterhin sind sie sich mit den Sozialisten Frankreichs einig, dass die europäische Bankenaufsicht verbessert und eine europäische Rating-Agentur geschaffen werden muss. Inzwischen wird auch die Trennung von Geschäftsbanken, die Verbrau-

cher und Wirtschaft mit Krediten versorgen, und Investmentbanken, die mit
Finanzprodukten spekulieren, vorgeschlagen (SPD INTERN: 5/2012: 2)

In der EU hatten sich die Mitgliedstaaten 1998 über die teilweise Delegation
von Regulierungskompetenzen an die Europäische Kommission und die Harmonisierung nationaler Gesetze geeinigt (Donnelly 2008: 262). Der Financial
Services Action Plan der EU-Kommission (ECFSAP) brachte die Voraussetzungen für die 1999 beschlossene volle Integration der nationalen Finanzmärkte (Lütz 2002: 149). Dieser Plan enthielt u. a. auch Vorschläge zur Modernisierung, Stärkung und Zusammenarbeit der Aufsichtsbehörden. Bis 2005
sollten auch Regulierungs- und Kontrollinstrumente implementiert sein (Barth
u. a. 2006; Karas 2008: 435). Es dauerte aber noch Jahre, bis die Mitgliedstaaten, die Kommission und das Parlament sich auf weitere konstitutive und
regulative Normen einigen konnten. Auch stand zunächst nicht fest, wer die
Steuerungsakteure sein sollten und welche Mitbestimmungsrechte bestanden
(Donnelly 2008). Auf der nationalen Ebene fand aber dennoch bereits eine
gewisse Konvergenz statt (kritisch dazu: Walter 2001: 3). Meist hatten die
Finanzministerien die Entwicklung von entsprechenden Verordnungen unab-
hängigen Behörden überlassen.

„Die Verabschiedung erfolgte, als die Lamfalussy-Gruppe einen Plan zur
Governance vorlegte, der die genauen Zuständigkeiten der Steuerungsakteure
vorgab ..." (Donnelly 2008: 263). Dieser „Ausschuss der Weisen" war im Juli
2000 durch den ECOFIN-Rat eingesetzt worden, um die regulatorischen
Rahmenbedingungen bezogen auf die Wertpapiermärkte durchleuchten zu
lassen, die als hemmend für Wachstum und Wettbewerbsfähigkeit eingeschätzt wurden. Die Gruppe legte 2001 ihren Abschlussbericht vor, der nicht
nur für die EU konkrete Anpassungsvorschläge für die Mitgliedstaaten machte, sondern auch deren parallele Umsetzung dort anmahnte. Der Kommission
wurde die Kompetenz zugewiesen, Richtlinien und Verordnungen zu erlassen,
die die Regulierungsstandards verbessern. Das Europäische Parlament und der
Rat sollen zwar die Vorschläge mitdiskutieren, allerdings spielen sie nach
Einschätzung von Donnelly nur noch bei der Verabschiedung eine Rolle
(ebenda). Dies wurde von der Lamfalussy-Gruppe damit begründet, dass eine
intensivere Einschaltung des Parlaments den Prozess verlangsamen würde
(Walter 2001: 7).

Dagegen sah die Lamfalussy-Gruppe die intensive Einbindung der Marktteilnehmer als unverzichtbar (Walter 2001: 7), allerdings erfolgte diese eher in-
formell. Zwei Ausschüsse sind von Bedeutung: der von Ministerialbeamten
besetzte Europäische Wertpapierausschuss (EWA) und der Ausschuss Europäischer Wertpapierhandelsaufsichtsbehörden (CESR). Im EWA sind hochrangi-

ge Vertreter der Mitgliedstaaten (Staatssekretäre) vertreten. Der wichtigere CESR (mit Sitz in Paris) (Donnelly 2008: 264) berät die Kommission und bereitet für die Kommission die Implementation vor. Seine Mitglieder entstammen den nationalen Regulierungsbehörden. Weiterhin wurde ein regelmäßiges Monitoring vorgeschlagen (Walter 2001: 7).

Die Labour Regierung unter Blair (seit 1997) hatte bereits im Vorgriff auf diese Aktivitäten quasi durch Selbstregulierung eigene Regelungen geschaffen und der Financial Service Authority (FSA) die Aufsicht übertragen (Barth u. a. 2006:93). Dabei handelt sich um eine Non-Profit-Organisation, die von den Marktteilnehmern finanziert wurde, wobei u. a. der Einfluss der Großbanken der City und der Tory-Abgeordneten bedeutend war[10]. Erst 2000 konnte ein Gesetzestext verabschiedet werden (Lütz 2002: 332). In Deutschland war bereits 1995 eine entsprechende Behörde geschaffen worden (Donnelly 2008: 264).

Seit der weltweiten Krise der Finanzmärkte sind die in den G20 zusammengeschlossenen Staaten stärker darauf bedacht, sich über die grobe Ausrichtung im Hinblick auf Stärkung, Reform und Aufsicht des globalen Finanzsystems abzustimmen. Vorher waren bei internationalen Standards, die auf Initiative der G10 als Folge der Bankenzusammenbrüche der 1970er Jahre formuliert wurden, nationale Interessen eher als vorrangig gesehen worden (s. Naßmacher 2010: 150). Die EU hatte 1987 Basel I, Empfehlung des Financial Stability Forum betreffend Eigenkapital und Risiken, als Minimalkonsens übernommen (Barth u. a. 2006: 164). Als diese Regeln nicht griffen, wurde Basel II mit ähnlicher Zielrichtung und komplizierteren Festlegungen ausgearbeitet, das 2009 zur EU-Richtlinie wurde. Die Wirkungen blieben allerdings gering. Zudem verlieh es Staatsanleihen „den Status von risikolosen Papieren" (Di Fabio 2012: 9).

Angesichts der aktuellen Probleme einigten sich die G20 über Grundsatzvorgaben, was allerdings nicht ausschließt, dass nationale Interessen immer wieder von Bedeutung sind (Georg/Meinert 2012). Eine wichtige Aufgabe als Überwacher innerhalb des globalen Systems hat der Internationale Währungsfond (IWF) als globale Organisation, dem die G20 diese Rolle zugewiesen haben. Weiterhin hat das Financial Stability Board (FSB) in Basel, seit 2009 Nachfolger des Financial Stability Forum und institutionell aufgewertet, „er-

---

[10] Neuerdings steht die FSA und die Notenbank in einem schlechten Licht, weil zahlreiche Skandale Missstände im Bankensektor verdeutlichen, z. B. die um Manipulationen des Libor Zins (London Interbank Offered Rate) und problematische Kundenberatung (Theurer 2012).

hebliche Bedeutung" (Georg/Meinert 2012). Auf dem Gipfel der G20 im Juni 2012 wurde ein Bekenntnis zur Stärkung der Rolle des FSB und damit zur Bedeutung der Regulierung der Finanzmärkte abgelegt (FAZ v. 21.06.2012). Dem FSB gehören Vertreter der Finanzministerien, Aufsichtsbehörden und Notenbanken aus den G20-Ländern an. Neben der EU sind auch der IWF und die Weltbank Mitglied. Das FSB wird über die Notenbanken finanziert und ist bei der Bank für internationalen Zahlungsausgleich ansässig. Durch die Vielzahl der Mitgliedsinstitutionen (2012: 64) ist bereits jetzt die effektive Sitzungsarbeit erschwert (FAZ v. 21.06.2012).

Das FSB analysiert das globale Finanzsystem und bereitet die Beschlüsse der G20 vor. Problematisch ist, dass es selbst keine Standards setzen oder ihre Umsetzung überwachen oder sanktionieren kann. Dies obliegt den nationalen Behörden. Kürzlich wurde es beauftragt, wirkungsvolle grenzüberschreitende Lösungen für große Kreditinstitute zu erarbeiten (FAZ v. 08.06.2012). Der Vorschlag sieht u. a. vor, dass die Banken jährlich aktualisierte Sanierungspläne für den Krisenfall vorlegen und vor jeder öffentlichen Unterstützung Aktionäre und Gläubiger Verluste hinnehmen müssen. Alle 27 EU-Länder sollen einen Krisenfonds von mindestens einem Prozent aller Spareinlagen zur Sanierung und Abwicklung aufbauen, finanziert aus nationalen Bankenabgaben (FAZ v. 08.06.2012).

„Auf der sekundären institutionellen Ebene agieren die internationalen Standardsetzer wie etwa der Baseler Ausschuss für Bankenaufsicht (Basel Committee on Banking Supervision/BCBS), der sich zum ‚Herzstück' der globalen Finanzmarktaufsicht entwickelt hat." Es handelt sich um den „ältesten und prominentesten" Standardsetzer im Bereich der Finanzmarktaufsicht (Georg/Meinert 2012). Die EU hat zudem in ihrem einheitlichen Währungsraum eigene europäische Aufsichtsbehörden (European Supervisory Authorities/ESAs) geschaffen. Hierzu gehören seit 2011 die Europäische Bankenaufsichtsbehörde (EBA), die Europäische Wertpapier- und Marktaufsichtsbehörde sowie die Europäische Aufsichtsbehörde für das Versicherungswesen und die betriebliche Altersvorsorge, die mit weitgehenden Befugnissen ausgestattet sind. U. a. sind sie befugt, „verbindliche Maßnahmen" zu treffen, „die sich an die nationalen Behörden und sogar einzelne Finanzinstitute richten können." (Georg/Meinert 2012). Die EBA hat beispielsweise im November 2011 einen Stresstest für 71 Großbanken durchgeführt und dabei bei 31 Banken die Kapitaldecke beanstandet (FAZ v. 13.04.2012: 14). Insgesamt erhält dieser Test und die Behörde allerdings keine positive Bewertung (Ruhkamp 2012: 1). Die Zusammenarbeit mit den nationalen Aufsichtsbehörden gilt als problematisch.

Bisher agieren die europäischen Aufsichtsbehörden unabhängig von den nationalen Aufsichtsbehörden, in Deutschland die Bundesanstalt für Finanzdienstleistungsaufsicht (Bafin). „Das neue europäische Finanzaufsichtssystem (European System of Financial Supervision/ESFS) besteht außerdem aus dem für die vorausschauende Aufsicht verantwortlichen Europäischen Ausschuss für Systemrisiken (European Systemic Risk Board/ESRB). Schließlich werden die nationalen und regionalen Finanzbehörden ebenfalls in die sich entwickelnde ‚internationale Finanzarchitektur' eingebunden" (Georg/Meinert 2012). Denn bei den internationalen Standards handelt es sich nur um Empfehlungen, die Umsetzung muss von den einzelnen Staaten ausgehen. Allerdings sind die übernationalen Gremien dennoch von hoher faktischer Bedeutung, da sie auf der Grundlage von Experten-Knowhow einen internationalen Konsens repräsentieren (ebenda). Der bedeutendste internationale Standard Basel III ist Ergebnis einer solchen globalen Koordinierung. Hier wurden die Eckpunkte eines neuen internationalen Regulierungsrahmens für das Finanzsystem festgelegt. Ein wesentlicher Kernpunkt ist die Stärkung der Eigenkapitalausstattung der Banken, sowohl in Quantität als auch in Qualität. Weiterhin wurden Liquiditätsquoten und eine Höchstverschuldungsquote vorgesehen.

Der Kommissionspräsident strebt eine stärkere Vereinheitlichung der Bankenaufsicht an. Durch die angestrebte Harmonisierung der Aufsicht soll ein Wettbewerb unter den Regulierungssystemen der Länder verhindert werden. Dieses Ziel ist allerdings sehr schwierig zu erreichen. Jedenfalls wünschte „die Europäische Bankenaufsicht, dass die europäischen Banken schon Mitte des Jahres Auflagen erfüllen", für die Basel III Übergangsfristen bis 2019 vorsieht (FAZ v. 13.04.2012: 14). Sie reagiert damit auf die europäische Staatsschuldenkrise: Banken sollen mehr Kapital vorhalten, um gegenüber Verlusten abgesichert zu sein. Befürchtet wird, dass die Banken am Finanzplatz London diese Regeln angesichts der immensen Bedeutung für die Wirtschaft Großbritanniens (Naßmacher 2010: 151) laxer handhaben. Hedgefonds sind von den Regeln ohnehin ausgeschlossen und die Flucht in diese ist erkennbar (FAZ v. 13.04.2012: 14). Die Finanzminister haben sich inzwischen auf eine Regelung geeinigt, die den Staaten mehr Spielraum gibt, von ihren Banken mehr Eigenkapital zu verlangen: das EU-Parlament ist im Detail anderer Meinung, so dass noch schwierige Verhandlungen bevorstehen (FAZ v. 16.05.2012).

Auf der Frühjahrstagung des IWF 2012 hat das deutsche Finanzministerium nochmals weitere Bemühungen in der Finanzmarktregulierung angemahnt. „Dabei geht es um die großen und vernetzten Finanzinstitute, deren Kollaps die Stabilität des Bankensystems gefährdet, das befürchtete Ausweichen von regulierten Märkten auf Schattenbanken und den Umgang mit abgeleiteten

Finanzprodukten (‚Derivaten')" (FAZ v. 18.04.2012). Bei den Regulierungen (Richtlinien) der EU sollte u. a. ein weitergehender Schutz von Anlegern (die Marktmissbrauchsrichtlinie kriminalisiert die vorsätzliche Täuschung von Anlegern) sichergestellt werden. Auch Regeln zu „Berichterstattungspflichten börsennotierter Gesellschaften sowie das Verhalten von Managern, Bankern und Journalisten beim Aktienhandel" (Donnelly 2008: 353) wurden geschaffen.

Regulierungen fanden auch im Gesellschaftsrecht statt, z. B. durch Mindeststandards bei Bilanzen von Aktiengesellschaften. Zugleich wurden Regeln zu grenzüberschreitenden Übernahmen, Fusionen sowie zur Migration von Firmen verabschiedet (Donnelly 2008: 253) Die Zuständigkeit für die Entwicklung von Standards hatten nicht nationale Behörden oder Organisationen, sondern eine private internationale Organisation, das International Accounting Standards Board (IASB), ohne dass eine „nationale oder europäische Mitwirkung" damit verbunden war (Donnelly 2008: 254). Donnelly behauptet aber, dass die zuständigen Akteure auf den Vorstellungen aufbauen, die vorher durch einen grundlegenden Konsens der in EU Institutionen agierenden Repräsentanten der Regierungen, der Kommission und des Europäischen Parlaments erzielt wurden. Falls ein solcher Konsens nicht erreicht wird, zeige das nur, dass die Ausgangsbedingungen in den Staaten sehr unterschiedlich sind.

Insgesamt lässt sich resümieren, dass die vielfältigen Institutionen Regeln entwickelt haben, die der Implementation harren. Eine Bündelung der Zuständigkeiten für die Bankenaufsicht an zentraler Stelle (vorgesehen ist die EZB), wie sie die Kommission aktuell forciert, dürfte schwierig sein, so dass die Unübersichtlichkeit der Kontrollen langfristig eher weiterbestehen wird. Nicht nur der ehrgeizige Zeitplan sondern auch die Funktionsweise dieses angestrebten zentralen Kontrollmechanismus wird von Politikern sowie von Sparkassen und Genossenschaftsbanken entweder abgelehnt, kritisiert und problematisiert. Nachdem die Zahl der zu beaufsichtigenden Banken mit 6000 veranschlagt wurde soll sich die Kontrollaufgabe zunächst für systemrelevante Großbanken konzentrieren. Weiterhin ist eine Kooperation mit den nationalen Aufsichtsbehörden vorgesehen, die die Detailarbeit leisten sollen. Kritik ruft auch die Beauftragung der EZB mit der Aufsicht hervor, denn es stellt sich die Frage, ob hier nicht Zuständigkeiten für Geldpolitik und Finanzaufsicht zu eng verknüpft werden und ob mit der gemeinsamen Aufsicht nicht auch gleichzeitig langfristig ein Einstieg in die gemeinsame Haftung („Einlagensicherungsunion") verbunden sein wird. Vor allen Dingen müsse aber zunächst über die gleichen Standards („Single Rule Book") entschieden werden (FAZ v. 13.09.2012). Ob der von der Kommission angestrebte Start des

zentralen Aufsichtsmechanismus bereits Anfang Januar 2013 erfolgen kann,
ist fraglich, denn die Entscheidung verlangt Einstimmigkeit aller 27 EU-
Staaten im Ministerrat. Das Europäische Parlament, das nur angehört werden
sollte, will das laufende Verfahren der Finanzmarktregulierung blockieren,
solange es nicht eingebunden wird (Mussler 2012).

5.1.3   Standortpolitik: Demokratiepotentiale
bei konfligierenden nationalen Interessen

Unternehmensstandorte – so wird allgemein angenommen – werden vor allem
dadurch attraktiv, dass niedrige Abgaben von den Unternehmen verlangt werden. Hierzu gehören vor allem die Steuerbelastungen. Weiterhin erwarten
Unternehmen in der Regel eine gut ausgebaute Infrastruktur, die weit über die
unmittelbare (wirtschaftsnahe) hinausgeht.

Steuerpolitik

Die These, dass die unterschiedliche Besteuerung von Unternehmen die Suche
nach dem kostengünstigsten Standort bewirken würde, gilt noch immer als
weitgehend zutreffend. Als zwangsläufige Folge wurde ein „race to the bot-
tom" in der Steuerpolitik befürchtet. Inzwischen ist die Erkenntnis gewachsen,
dass nicht nur Steuervorteile die Standortwahl von Unternehmen beeinflussen,
sondern vielfältige andere Faktoren (Naßmacher 1987; Genschel u. a. 2008:
300ff.). Verlagerungen sind meist nur das letzte Mittel. Allerdings muss beachtet werden, dass Unternehmen mit unterschiedlichen Standorten in Hoch-
und Niedrigsteuerländern dazu neigen, die Gewinne dorthin zu verlagern, wo
niedrigere Steuern anfallen. Dies scheint gängige Praxis multinationaler Unternehmen zu sein (Genschel u. a. 2008: 304). Auch Finanzdienstleister richten ihr Augenmerk mehr auf Steuervorteile als Produktionsbetriebe (ebenda).

Bisher sind in der EU alle Versuche gescheitert, den Unternehmenssteuer-
wettbewerb zu mildern. Dies liegt an dem Einstimmigkeitserfordernis im
Ministerrat und widerstreitenden Verteilungsinteressen der Mitgliedstaaten
(ebenda: 305). Ersteres wird nicht geändert, weil es sich bei der Steuerpolitik
um Umverteilungsprobleme handelt, die durch Einstimmigkeit in Schach zu
halten sind. Mehrheitsentscheidungen können auch deshalb nicht erwogen
werden, weil die Akteure auf das Demokratiedefizit der EU verweisen und
dadurch nationalen Akteuren mit entsprechender Legitimation Entscheidungen vorenthalten würden. Dies mahnt vor allem immer wieder Großbritannien
an. Weiterhin würde die Steuerharmonisierung hohe Anpassungskosten verur-

sachen, die die nationalen Regierungen tragen müssten. Hier treten vor allem Irland und Estland als Gegner der Mehrheitsregel auf (Genschel u. a. 2008: 306).

Die Kommission war zunächst ein Anhänger der Totalharmonisierung (bis Ende der 1980er Jahre), rückte dann allerdings davon ab. Sie kam in der Folge auch zu einer Neubewertung des Steuerwettbewerbs und erkannte darin auch Vorteile. Vor allem die kleinen Länder sahen dies auch so (ebenda: 307f.). Irland holte durch niedrige Steuersätze Finanzdienstleister ins Land und erlebte damit einen erheblichen Aufschwung. Dies machte das Land zu einem Hauptgegner der Steuerharmonisierung (FAZ v. 11.05.2012).

Totale Untätigkeit der EU ist allerdings nicht zu verzeichnen. 1997 wurde ein „Maßnahmenpaket zur Bekämpfung des schädlichen Steuerwettbewerbs" beschlossen (formal allerdings erst 2003 verabschiedet). Als unfair und schädlich wurden Steueranreize qualifiziert, die sich auf Finanz-, Versicherungs- und Beratungsdienstleistungen sowie geographische Sonderzonen bezogen (Genschel u. a. 2008: 308f.). „Eine Gruppe hochrangiger Ministerialbeamter wurde beauftragt, die bestehenden unternehmenssteuerlichen Steueranreize der Mitgliedstaaten zu sichten (‚Primarolo-Gruppe')". Sie kennzeichnete im Bericht 30 diese steuerlichen Maßnahmen als schädlich. Da fast alle Mitgliedstaaten solche Anreize einsetzten, war der Verhaltenskodex leichter durchzusetzen als eine Harmonisierung der Steuersysteme. Man erhoffte sich dadurch einen „gesunden" Wettbewerb. Aber selektive Steueranreize unterliegen auch der Beihilfenaufsicht der EU-Kommission. Die betroffenen Staaten mussten also handeln, sonst hätte das die Kommission für sie erledigt (ebenda: 309). Nach der laxen Handhabung dieses Instruments über Jahre leitete die Kommission 2001 elf förmliche Prüfverfahren gegen acht Mitgliedstaaten ein (ebenda: 310). Die inkriminierten Maßnahmen sind inzwischen abgeschafft.

Entscheidend scheint, dass unterschiedliche Besteuerung in den einzelnen Mitgliedstaaten doch einen gewissen Anpassungsdruck erzeugen und damit die Handlungsfreiheit der allein für die Steuerpolitik zuständigen Mitgliedstaaten beschränken (ebenda: 314). Schuld an dieser Beschränkung ist auch der Binnenmarkt, in dem sich Güter, Dienstleistungen, Personal und Kapital frei und ungehindert über nationale Grenzen hinweg bewegen. Hier mögen allerdings Anreize durch Infrastrukturpolitik noch bedeutender sein.

Infrastrukturpolitik

Zur Entwicklung der Infrastruktur ist die öffentliche Hand immer stärker auf die von der EU bereitgestellten Finanzmittel angewiesen. In vielfältigen Zusammenschlüssen geht es vor allem darum, die Fördergelder der EU aus den Strukturfonds besser ausschöpfen zu können. Denn seit 1988/89 werden diese nicht mehr nach einem festen Quotensystem, sondern nach räumlichen und inhaltlichen Zielen ausgerichtet (Miosga 2000: 257). Das verlangt, Projekte und Programme zu kreieren, die spezifische regionale Problemlagen aufgreifen, also regionale Strukturpolitik.

Regionale Strukturpolitik soll Unterschiede in der wirtschaftlichen Entwicklung vermindern, weil nicht erwartet werden kann, dass sie sich von selbst aufheben. Dabei ist zunächst an die bereits seit Jahrzehnten unterentwickelte Peripherie zu denken, die nicht nur in den neueren Mitgliedstaaten Mitteleuropas zu finden ist. Auch den einstmals industriell hochentwickelten Gebieten des Westens, deren Abstieg seit Jahrzehnten andauert, müssen neue Perspektiven für die Wirtschaft eröffnet werden. Strukturpolitik ist in der EU ein zentraler Politikbereich. Die Entwicklung kann bis in die Anfänge der Europäischen Gemeinschaft zurückverfolgt werden. Seit 1967 gibt es die Generaldirektion Regionalpolitik, aber erst 1975 wurde der Europäische Regionalfonds (EFRE) eingerichtet (Axt 2000: 31f.). Seit dem Vertrag von Lissabon soll er „den wirtschaftlichen, sozialen und territorialen Zusammenhang" stärken. Im Einzelnen geht es um Ressourcentransfers durch die Vergabe von Beihilfen, Subventionen, Steuererleichterungen, Zuschüssen und Krediten.

Bei der Strukturpolitik hat das Europäische Parlament mehr Mitbestimmungsrechte als in anderen Politikbereichen, denn es entscheidet über die Strukturfonds (Eckstein 2001: 60). Dies macht sich auch durch intensivere Kontakte des Ministerrats zum Europäischen Parlament bemerkbar (ebenda: 61f.), denn der Ministerrat muss seine Macht im Hinblick auf die Regionalpolitik immer mehr mit dem Europäischen Parlament teilen (Tömmel 2006: 53). Weiterhin ist auch der Wirtschafts- und Sozialausschuss zu hören. Der Ausschuss der Regionen (Art. 198 des Maastrichter Vertrages) hat beratende Funktion. Er wird auch betreffend fondsspezifischer Durchführungsverordnungen gehört (Pfennig 2009: 33).

Bei den Strukturfonds gilt aufgrund konfligierender nationaler Interessen immer noch Einstimmigkeit des Ministerrates bei Entscheidungen (Vertrag zur Gründung der EU im Art. 161, Abs. 1). Der Minister für Wirtschaft und Technologie ist hier Mitentscheider für Deutschland. Lobbyisten, die in Netze eingebunden sind, tragen dazu bei, dass Förderstrukturen erhalten bleiben oder sogar eine Mittelaufstockung erfolgt. Die Einflussnahme ist vor allem bei der Kommission wirkungsvoll, weil sie die Vorschläge ausarbeitet. Besonders bedeutend bei der Lobbyarbeit ist die Dachorganisation der Industrie- und Handelskammern (Eckstein 2001: 88f.)

In den einzelnen Mitgliedsländern spielen die Vertreter regionaler oder länder-spezifischer Interessen natürlich die wesentliche Rolle, indem sie auf die nationalen Vertreter in den EU Entscheidungsgremien beratend einwirken. Im Vertrag von Maastricht wurde dies durch die Beteiligung der Länder an der Europaministerkonferenz (EMK) institutionalisiert. Die Beratungsergebnisse der europapolitischen Positionsbestimmung müssen anschließend von der Ministerpräsidentenkonferenz geprüft werden (Pfennig 2009: 21). Auch weil die deutschen Länder Implemenationsinstanz sind, werden sie in Beratungen über die drei großen Strukturfonds (Europäischer Sozialfonds ESF, Europäi-scher Ausrichtungs- und Garantiefonds für die Landwirtschaft EAGFL und Europäischer Fonds für Regionale Entwicklung EFRE) hinzugezogen. Seit der Förderperiode 2007–2013 werden die drei Fonds durch ein auf die Fischerei ausgerichtetes Finanzinstrument ergänzt (FIAF). Die Landesregierungen müs-sen in Deutschland ihre Parlamente informieren, wie es in vielen Landesver-fassungen bereits festgeschrieben ist (Pfennig 2009: 31). Zur Koordination finden wiederum regelmäßige Konferenzen der Präsidenten/-innen der Lan-desparlamente statt (zweimal jährlich) und die Länder entsenden Beobachter in den Bundestagsausschuss für Angelegenheiten der EU (ebenda).

Schon früh haben die Mitgliedstaaten auch selbst Regionalpolitik betrieben, um Disparitäten zu beseitigen. So ist die europäische Strukturpolitik untrenn-bar mit derjenigen auf nationaler und regionaler Ebene verbunden, was natür-lich bei Ausweitung der europäischen Aktivitäten in diesem Bereich Abstim-mungsprozesse nach sich zog, z. B. bei der Abgrenzung der Fördergebiete und der Programme. Der Einfluss der EU wurde größer (Pfennig 2009: 27). Grundsätzlich ist die Festsetzung der Zielgebiete von erheblicher Bedeutung, auch die Zusammenschlüsse von Kommunen bis hin zu länderübergreifenden sind wichtig.

Die Strukturfonds werden zur Finanzierung der Gemeinschaftsinitiativen eingesetzt, zuweilen mehrere Fonds gleichzeitig, für die aktuelle Förderpe-riode 2007–2013 nur noch die beiden größten Fonds EFRE und ESF. Die Kommission entwickelte Gemeinschaftsinitiativen für folgende Bereiche (Verordnung (EG) 1260/1999): grenzüberschreitende, transnationale und interregionale Zusammenarbeit ... (Interreg), wirtschaftliche und soziale Wiederbelebung der krisenbetroffenen Städte und Stadtviertel ... (URBAN), Entwicklung des ländlichen Raumes (Leader), transnationale Zusammenar-beit ... zur Bekämpfung von Diskriminierungen und Ungleichheiten ... im Zusammenhang mit dem Arbeitsmarkt (EQUAL) (genauer Pfennig 2009: 38). Der Kohäsionsfonds „hilft den Mitgliedstaaten, deren Bruttoinlands-produkt (BIP) pro Einwohner unter 90 % des EU-Durchschnitts liegt, ihren wirtschaftlichen und sozialen Rückstand zu verringern und ihre Wirtschaft zu stabilisieren. ... Bezüglich der Programmplanung, der Verwaltung und der Kontrolle unterliegt er denselben Regelungen wie der ESF und der EFRE" (http://ec.europa.eu/regional_policy/thefunds/cohesion/index_de.cfm (Stand: 01.06.2012)). Bis 2013 können die Mitgliedstaaten Bulgarien, Rumänien, Zypern, Estland, Griechenland, Ungarn, Lettland, Litauen, Malta, Polen, Portugal, die Tschechische Republik, Slowakei und Slowenien daraus Förderung erhalten (ebenda).

Von besonderer Bedeutung scheinen inzwischen die finanziellen Hilfen für die Stadtentwicklungsförderung zu sein, die in die regionale Strukturpolitik integriert wurde. Sie ist „zum normativen Gesamtprojekt der europäischen Integration geworden", das von den Staats- und Regierungschefs der EU in der Lissabon-Strategie bekräftigt wurde (Lenschow/Reiter 2008: 171). Schon seit Ende der 1980er Jahre wird Stadtentwicklung als Querschnittaufgabe gesehen (ebenda: 172). Eine Bündelung der Aktivitäten von Akteuren in den unterschiedlichen Politikbereichen (wirtschaftlichen und sozialen) hätte durch die Generaldirektion Regionalpolitik erfolgen müssen. Obwohl ihr dafür die Ressourcen (aus EFRE seit 1975) zur Verfügung standen, erhob sie darauf zunächst keinen Anspruch (ebenda: 172). Erst die regionale Gemeinschaftsinitiative URBAN I im Jahr 1994 und die Verabschiedung des Ersten Kohäsionsberichts im Jahr 1996 änderte das. Seither erfährt Stadtentwicklung einen erheblichen Bedeutungszuwachs im Rahmen der Generaldirektion Regio (ebenda: 173). Sie ist zum Vorreiter des Erneuerungsanliegens der Mitgliedstaaten geworden (ebenda: 174). Ansatzpunkt war die Ausschöpfung von Beschäftigungspotentialen angesichts der Beschäftigungskrise in den Mitgliedstaaten. Die für Raumordnung zuständigen nationalen Minister bereiteten in regelmäßigen informellen Treffen ein „Europäisches Raumordnungskonzept" (EUREK) vor, in dem auch die integrierte Entwicklung des städtischen Raumes als grundlegender Bestandteil genannt ist (ebenda: 175). Unter Mitwirkung von EUROSTAT wird ein Städte-Audit („Urban audit") entwickelt, der den Handlungen zugrundeliegen soll (ebenda: 176).

Auf Initiative des Europäischen Parlaments kam im Mitentscheidungsverfahren URBAN II zustande (ebenda: 177). Das Europäische Parlament setzt dabei vor allem auf Investitionen, während die Kommission die „Aktivierung" des bürgerschaftlichen Engagements betont. Flankierend für die Stadtentwicklung kommt EFRE zum Zuge (ebenda: 178). Seit dem 2000 eingeführten Lissabon-Prozess kündigte die Generaldirektion an, die Stadtentwicklung im Rahmen der Regionalpolitik noch stärker in den Vordergrund zu rücken („URBAN+"). 2006 wird eine „Interservice Group on Urban Development" gebildet, die unter dem Vorsitz der Generaldirektion regelmäßig tagt (ebenda: 179). Die Unit of Urban actions „UBACT" soll den Erfahrungsaustausch zwischen den Städten über „nachhaltige lokale Stadtentwicklungspolitik fördern" (ebenda: 180). Allerdings werden die Strukturförderung und die Regionalpolitik in Deutschland vor allem durch die Länder gebündelt (Ast 2000: 237) und zwar hier teilweise durch unterschiedliche Ministerien, entsprechend den zur Verfügung stehenden Fonds (Miosga 2000: 260).

Neben der Bereitstellung von Ressourcen hat die EU sich insbesondere dem Wettbewerb im Bereich der Infrastruktur zugewandt. Die Entstaatlichung durch Liberalisierung und Privatisierung führte zur Veränderungen in verschiedenen Bereichen der Versorgung (z. B. Energie und Wasser), der Entsorgung (z. B. Müll und Abwasserreinigung) und Anbindung (z. B. Verkehr und Kommunikation). Damit war ein „Funktionswandel" des Staates, vom „Leistungsstaat" zum „Regulierungsstaat" verbunden, was zu einer Zunahme staatlicher Regulierung geführt hat (Grande/Hartenberger 2008: 209). Diese scheint allerdings bislang „der supranationalen Vereinheitlichung zu widerstehen" (ebenda: 211). Denn die Regulationsregime sind staatszentriert. Das häufigste Modell ist das sektorspezifische Agenturmodell (ebenda: 212), das in Großbritannien u. a. bei Telekommunikation, Elektrizität und Eisenbahnen, in Deutschland bei der Eisenbahnregulierung (Eisenbahnbundesamt) und Rundfunk (Landesmedienanstalten) angewandt wird. Ein Beispiel für sektorübergreifende Agenturmodelle ist die Bundesnetzagentur (für Post- und Fernmeldewesen) in Deutschland. Schließlich gibt es das sektorspezifische Ministerialmodell, wie in Deutschland bis zur Abschaffung das Bundesministerium für Post und Telekommunikation, und das sektorübergreifende Ministeriumsmodell, z. B. wenn einem Ministerium übergreifende Aufgaben übertragen werden (ebenda: 213). Bei der Energieversorgung hatte die Kommission zum Beispiel die Zielvorstellung, dass Erzeugung und Verteilung von Energie in den Händen verschiedener Eigentümer sein sollte (Energiepaket 2007). Der Fortgang war in den einzelnen Mitgliedstaaten unterschiedlich: so galten Großbritannien und die Niederlande in der Energieversorgung als Vorzeigeliberalisierer, Deutschland und Frankreich als „gescholtene Widerständler" (Wieben 2008).

Die Privatisierung führte zum Umbau des Staates und nicht zu einer Einbindung privater Akteure in Entscheidungen. Dies wird von Grande und Hartenberger damit erklärt, dass sich private Wettbewerber dann schwer tun mit der Kooperations- und Konsensfähigkeit, wenn es um redistributive Entscheidungen geht, die in der Übergangsphase häufig waren. Hier bedarf es also einer autoritativen Sanktionskompetenz, also der des Staates (Grande/Hartenberger

2008: 214 f.). So kann die Festlegung von Nutzungsgebühren für Netze, des Netzzugangs und der Anforderung an Leistungsangebote zu einer signifikanten Umverteilung von Gewinnen bei konkurrierenden Anbietern führen (ebenda: 215). Hier zeigen sich die Schwierigkeiten, regulative und redistributive Politik analytisch zu trennen.

Alle Regulierungsinstanzen müssen in der Regel im System verteilter Kompetenzen agieren: auf der nationalen Ebene mit nationalen Wettbewerbsbehörden (Deutschland: Bundeskartellamt) und Ministerien (auch beim Agenturmodell). Hinzu kommen als Akteure zuweilen noch die Gerichte, die unterschiedliche Bedeutung in den einzelnen Infrastrukturbereichen haben. Sie sind in Deutschland besonders stark im Telekommunikationssektor involviert, in Frankreich und Großbritannien wesentlich weniger (ebenda: 217).

Die EU hat zwar an Bedeutung gewonnen, aber Bemühungen um eine europäische Regulierungsbehörde oder auch solche für einzelne Sektoren blieben erfolglos (ebenda: 218f.). Sie hat nach wie vor geringe Kompetenzen. Ein Anknüpfungspunkt wäre im Bahnbereich gegeben gewesen: Für den Verkehrssektor war bereits im EWG-Vertrag 1957 ein eigener Titel vorgesehen. Auf der Basis der seit der Mitte der 1980er Jahre entstandenen EU-Sekundärrechts zur Schaffung des europäischen Binnenmarktes hat die EU inzwischen die supranationale Regulierung nationaler Regelwerke entwickelt (ebenda: 219). Sie fordert die organisatorische Trennung von Betrieb und Aufsicht. Konkreteres wurde den Mitgliedstaaten überlassen (ebenda, S. 220). Weithin legte die EU Grundsätze für den Netzzugang fest, mit Unterschieden für die einzelnen Bereiche (ebenda: 220). Dieses System der Regulierung wird allerdings immer dichter (ebenda: 221). Die EU versucht also über diesen Weg Einfluss auf die nationale Ausgestaltung der Regulierung zu nehmen.

So gibt es im Telekommunikationssektor seit 2002 Konsultationspflichten gegenüber der Kommission sowie den Regulationsbehörden anderer Länder (ebenda: 221). Hinzu kommen durch die Kommission angeregte informelle Netzwerke und Foren, die auch zur Europäisierung beitragen sollen (ebenda: 222). Diese sind vor allem transgouvernemental, z. B. als Komitologie-Aussschüsse, die „best-practice"-Lösungen suchen, entwerfen und fördern (ebenda: 222f.). Aber es gibt auch Netzwerke, in denen sowohl Regierungsvertreter als auch die Unternehmen selbst vertreten sind (ebenda: 223). Die EU Kommission (Generaldirektion Wettbewerb) hat zudem wettbewerbsrechtliche Instrumente genutzt, um wettbewerbsfördernde Elemente voranzubringen (ebenda: 225). Dies führt bei den nationalen Regulationsbehörden zu härterem Vorgehen gegenüber den Regulierungsadressaten (ebenda: 225).

Insgesamt lässt sich feststellen, dass die Mitgliedstaaten bisher ihre Entscheidungsmöglichkeiten in der Hand behalten haben. Dies gilt auch für den traditionellen Bereich der Kommunikation: Rundfunk und Fernsehen, die für die
Wirtschaft vor allem als Werbeträger interessant sind.

Zum Medienangebot vertreten die einzelnen Akteure in der EU unterschiedliche Positionen, soweit sie das Medienangebot nicht nur als Dienstleistung
(Generaldirektion Binnenmarkt), sondern auch unter Wettbewerbsbedingungen (Generaldirektion Wettbewerb) und als Kulturangebot (Generaldirektion
Bildung und Kultur) betrachten. In der Medienpolitik (hier Rundfunk und
Fernsehen) ist die Bedeutung der EU durch die EG Fernsehrichtlinie von 1989
gegeben. Dadurch wird das Fernsehen als Dienstleistung gesehen. Die Beschränkung des freien Dienstleistungsverkehrs (s. auch Dienstleistungsrichtlinie) ist in der EU verboten. Weiterhin ist die Freiheit der Medien in der EU
dadurch gesichert, dass Menschenrechte und Grundfreiheiten geschützt sind
(Jarren/Donges 2006: 396). Grundlegend war auch der Konflikt zwischen
Mitgliedstaaten, der sich über den durch Gebühren und Subventionen finan-
zierten öffentlichen Rundfunk neben privatem Rundfunk ergab. Die EU be-
fasste sich mit der Frage, ob diese Art der Finanzierung des öffentlichen
Rundfunks mit dem Gemeinschaftsrecht kollidiere. Dieser Konflikt wurde
allerdings auf einem Gipfeltreffen der Staats- und Regierungschefs beseitigt:
man verständigte sich darüber, dass der öffentliche mit Gebühren finanzierte
Rundfunk nicht mit dem Gemeinschaftsrecht kollidiere (ebenda). Die Kommission sieht weiterhin den öffentlichen Rundfunk als öffentliches Unternehmen an, sie kann sich aber mit ihrer Auffassung bisher nicht durchsetzen.
„Denn die Mehrheit der Mitgliedsländer wehrt sich bislang erfolgreich dagegen, auf ihre nationalen Regelungskompetenzen im Rundfunkbereich zu verzichten." (ebenda: 397). Allerdings sehen die privaten Anbieter hier eine
Chance, auf dem „Umweg Brüssel" eine geringere öffentliche Finanzierung
durchzusetzen. Schließlich sind kartellrechtliche Entscheidungen im Bereich
der Rundfunkkonzentration zu erwähnen, aufgrund derer die EU 1994 ein
Zusammengehen von Deutscher Telekom, Bertelsmann und der Kirch-Gruppe
als MSG Media Services verhinderte (ebenda: 397).

5.1.4 Umweltpolitik: Schleichende Kompetenzausweitung als bürokratischer Prozess

In den Mitgliedstaaten ist die Umweltpolitik ein neuer Politikbereich, der erst
in den 1970er Jahren aktuell wurde. Damit sind die Regierungsstile weniger
tradiert und tendentiell unterschiedlicher (Kohler-Koch 2011). Erst seit 1986

gibt es zum Beispiel in Deutschland ein Umweltministerium. In der ersten Phase wurden Wirtschaftspolitik und Umweltpolitik noch als äußerst konflikthafte Politiken gesehen. Inzwischen wird allerdings mit Recht darauf hingewiesen, dass durch Umweltpolitik neue Arbeitsplätze geschaffen werden können. Die Bevölkerung sah die europäische Ebene schon früh als geeignet, Umweltfragen zu entscheiden, da sie als grenzüberschreitende Probleme wahrgenommen werden.

In der Europäischen Gemeinschaft wurden zu Beginn der 1970er Jahre auf einem Gipfel der Staats- und Regierungschefs Ziele für den Umweltschutz formuliert. Erst „seit 1987 mit der Einheitlichen Europäischen Akte (EEA) ist der Umweltschutz auch vertraglich als Aufgabe der Gemeinschaft verankert." (http://www.europarl.de/view//Europa/Politikfelder_A-Z/Umwelt-und   -G… (Stand: 20.05.2012). Bis dahin waren keine Zuständigkeits- oder Entscheidungsregeln beschlossen worden. Dann wurden zunächst qualifizierte Mehrheitsentscheidungen festgelegt, allerdings bedurften originär umweltpolitische Rechtsakte weiterhin der Einstimmigkeit. Die Verknüpfung mit dem Ziel Binnenmarkt sicherte der Umweltpolitik zunächst ihre Relevanz, erst in den 1990er Jahren geriet sie in die Defensive. Umweltpolitik gilt als Beispiel für die schleichende Kompetenzausweitung der Gemeinschaft (Lenschow/Reiter 2008: 164, unter Bezug auf Pollack).

Die Umweltpolitik wird im Beitrag von Bähr u. a. (2008) der regulativen Politik zugeordnet. Die Ursache wurde in regulativen Vorgaben gesehen und deren mangelhafte Verknüpfung mit anderen Politikfeldern, z. B. der Landwirtschaftspolitik (Lenschow/Reiter 2008, S. 166). Zuständig sind die Generaldirektion Umwelt bzw. der Umweltministerrat (Lenschow/Reiter 2008: 165), Adressaten nationale Regierungen und Akteure der Wirtschaft. Da die Regierungsstile der Mitgliedstaaten sich in der Umweltpolitik unterschiedlich entwickelt haben, ist möglicherweise auch deshalb eine engere Zusammenarbeit der führenden Umweltorganisationen auf EU-Ebene nicht erreicht worden (s.d. Kohler-Koch/Buth 2011: 177).

Laut ersten Ergebnissen der Forschung erfolgte die Steuerung zunächst durch weiche, unverbindliche Formen, die auf Freiwilligkeit, Subsidiarität, Flexibilität und Partizipation abzielen (laut Gipfel von Lissabon „Offene Methode der Koordinierung"). Allerdings haben Holzinger, Knill und Schäfer (2003) auch Rechtsakte mit geringem Handlungsspielraum für die Mitgliedstaaten herausgearbeitet (Bähr u. a. 2008: 95). Die Datenbasis ist nicht so konkret wie bei Bähr u. a., die die Celex-Datenbank für die Analyse der Rechtsakte zwischen 1970 und 2004 nutzen. Deren Ergebnis ist, dass die Zahl der verbindlichen

Rechtsakte in der Umweltpolitik deutlich angestiegen ist (im Gegensatz zur Sozialpolitik) (Bähr u. a. 2008: 97ff.).

Dies wird darauf zurückgeführt, dass zunächst Umweltpolitik nur als Beitrag zur wirtschaftlichen Integration möglich war und insofern bei der Verabschiedung Einstimmigkeit verlangt wurde (Bähr u. a. 2008: 103). Erst seit dem Vertrag von Maastricht gelten bei geringen Ausnahmen wieder qualifizierte Mehrheiten als Entscheidungsgrundlage (ebenda, Abb. 6: 104). Bei der längerfristigen Betrachtung müssen Veränderungen im komplexen Politikfeld einbezogen werden. Aber auch bei Berücksichtigung dieser Dimension ist ein Anstieg der bindenden Regelungen zu erkennen (s. auch Schaubild in Lenschow/Reiter 2008: 165).

Der Umweltschutz-Rat ist zwar ein wichtiges Gremium. Allerdings hat sich davor ein äußerst differenziertes Verwaltungsausschussverfahren zwischen Rat und Kommission entwickelt, in dem die nationalen Fachbeamten von der Kommission konsultiert werden. Aus der Perspektive der Mitgliedstaaten findet hier eine Art Kontrolle der Kommission statt, aber die Kommission hat eine führende Rolle in den Ausschüssen inne, da sie die Tagesordnung aufstellt (Töller 2000: 318). Die Komitologie-Ausschüsse verwalten in der Umweltpolitik die verschiedenen Programme. Töller nennt u. a. folgende Typen (ebenda: 321ff.): Ausschüsse zur Anpassung an den technischen Fortschritt, Ausschüsse zur Verwaltung der Produktregulierung, Ausschüsse zur Generalisierung und Evaluation steuerungsrelevanten Wissens. Können sich die Ausschüsse nicht einigen, so kann das erzielte Ergebnis dem Rat zur endgültigen Entscheidung vorgelegt werden (Benz 2008: 45).

Neben dem Rat ist seit Amsterdam das Europäische Parlament gleichberechtigt (Verfahren der Mitentscheidung). „In bestimmten Belangen besonderen nationalen Interesses gibt es jedoch Ausnahmen". Dies gilt für „Vorschriften überwiegend steuerlicher Art" oder „bezüglich der nationalen Energieversorgung". Hier wird das Parlament nur konsultiert (http://www.europarl.de/view// Europa/Politikfelder_A-Z/Umwelt-und -G... (20.05.2012).

Die Integration unterschiedlicher Teilbereiche der Umweltpolitik erwies sich als schwierig. Gleichzeitig wurde versucht, Kompetenzüberschreitungen anderer im Hinblick auf die Umweltpolitik einzudämmen (Lenschow/Reiter 2008: 107), gleichwohl um Unterstützung in den anderen Generaldirektionen zu werben (ebenda: 168). Es zeigt sich also eine Strategie der Absicherung (ebenda: 171).

Zur Umweltpolitik gehört auch, dass die hergestellten Produkte die Umwelt und den Verbraucher nicht belasten. Auch Unternehmen haben ein Interesse an einheitlichen Standards im Hinblick auf den Handel mit Produkten, nicht hingegen bezüglich der Produktionsbedingungen, was erstere leichter zu regulieren ermöglicht als Standards für die Produktion (Jänicke 2006: 412f.). Die Binnenmarktpolitik zielt auf die Beseitigung von Handelshemmnissen. Allerdings werden die Mitgliedstaaten in vielen Fällen durch die Entscheidungen des EuGHs zur gegenseitigen Anerkennung nationaler Standards verpflichtet. Die Harmonisierung muss sowohl umwelt-, arbeits- oder verbraucherschutzpolitisch (marktkorregierende) Dimensionen berücksichtigen. Durch europaweite Standards verlieren dann die Mitgliedstaaten die Befugnis, eigene nationale Schutzgesetzgebung aufrecht zu erhalten (Gehring u. a. 2008: 233).

Unterschiedliche Interessen (der Mitgliedstaaten, der Unternehmen und der Konsumenten) machen den Entscheidungsprozess komplex. Partikularinteressen müssen zurückgedrängt werden. Der Rat ist das „Nadelöhr". Verteilungskonflikte und unterschiedliche Verwaltungstraditionen, Regulierungsansätze und Schutzniveaus in den einzelnen Staaten machen Entscheidungen schwierig. Die Übertragung der Entscheidungen an unabhängige Agenturen hat sich nicht als zielführend erwiesen (Gehring u. a. 2008: 234). Blockaden waren häufig. Vollzugsdefizite gibt es sogar oft bei Verordnungen (Jänicke 2006: 412f.) (s.u.).

Entscheidungen müssen aufgrund von Zielvorgaben über die allgemeine Zulassung gefährlicher Güter und dann über die konkrete Folge für das entsprechende einzelne Gut einer Produktgruppe gefällt werden. Hierbei sind die nationalen Interessen auf bestimmte Regulierungsfelder zu konzentrieren (Gehring u. a. 2008: 235). Spezielle Interessen lassen sich damit entschärfen, dass einseitige Blockierer in der Zukunft auch selbst abgeblockt werden können. Häufig sind Einzelheiten nur mit Expertenhilfe zu konkretisieren. Der EuGH ist zum wichtigen Akteur geworden, da die Entscheidungen seiner Kontrolle zugänglich sind (ebenda: 236).

Die Schwierigkeiten, die die Komplexität der zu entscheidenden Materie mit sich bringt, hat dazu geführt, dass anstelle einer Vollharmonisierung nur grundlegende Sicherungsanforderungen für große Produktbereiche – z. B. für Maschinen, Lebensmittelzusatzstoffe oder Pharmazeutika – in Form von Richtlinien oder Verordnungen im Rat beschlossen wurden. Damit konnten Entscheidungsblockaden im Rat abgebaut werden. Es kommen allerdings immer neue Produktbereiche hinzu.

Zur Vorbereitung dient die Komitologie (beispielsweise bei Lebensmitteln), während in anderen Bereichen auf private Regulierungsagenturen (Maschinen) oder Regierungsbehörden (Arzneimittel) zurückgegriffen wird. Dabei wurden vorhandenen Einrichtungen, die bereits in den Mitgliedstaaten existieren, beauftragt (ebenda: 237f.).

Die Europäisierung der Arzneimittelzulassung scheiterte an der Einschaltung der nationalen Regierungsbehörden für die Zulassung, die oftmals zu unterschiedlichen Einschätzungen kamen (ebenda: 239). Erst durch die Schaffung eines Netzwerkes aller staatlichen Behörden (sie entsenden nationale Experten) als Kern der europäischen Arzneimittelagentur wurde dies Problem teilweise gelöst (ebenda, S. 239f.). Die Agenturexperten erarbeiten der Kommission ein Gutachten, das dem Komitologieverfahren und dann dem Rat vorgelegt wird. Dabei hat die Agentur eine sehr starke Stellung (ebenda: 240), da ihre Gutachten in der Regel angenommen werden. Der Antragsteller ist unmittelbar von der Entscheidung betroffen, kann daher klagen, was Gerichten Einfluss verschafft (ebenda: 241). Das zentralisierte Verfahren wird so bewertet, dass Gutachten einseitig zugunsten der Arzneimittelindustrie ausfallen (Gehring u. a. 2008: 242).

Bei der Normung technischer Güter musste ebenfalls eine Blockade überwunden werden, z. T. wegen Überlastung des Verfahrens mit technischen Details, zum Teil, weil nationale Regierungen ihre Produktanforderungen auf die europäische Ebene übertragen wollten (ebenda: 242). Ein Instrument dagegen fand die EU durch den Verweis auf „technische Normen", die auch nationale Normungsregime (von nationalen Normungsbehörden) kennzeichnet. Dabei werden privatrechtliche Normungsorganisationen eingeschaltet, die auf europäischer Ebene bereits bestanden (CEN und CENELEC) und sich aus nationalen Normungsorganisationen zusammensetzen (DIN für Deutschland, ÖNORM für Österreich). Es fand eine Konzentration auf grundlegende Sicherheits- und Gesundheitsanforderungen statt. Die EU-Richtlinien decken die wesentlichen Gefahren ab, die von den einzelnen Produkten nicht ausgehen dürfen (Gehring u. a. 2008: 243).

Auch hier beginnt auf Grund des Mandats der Kommission und der Mitgliedschaftsausschüsse die private Organisation mit der Erarbeitung einer „harmonisierten" Norm. Deren Experten hören bevor sie Entscheidungen treffen, bestimmte Interessengruppen an (ebenda: 244). Die Ergebnisse werden im Amtsblatt verkündet. Die Mitgliedstaaten sind dann verpflichtet, die Produkte auf ihren Märkten zuzulassen (Konformitätsvermutung). Bezweifelt ein Mitgliedstaat die Richtlinie, beginnt im Komitologie-Ausschuss ein „Schutzklauselverfahren" (ebenda: 243f.). Dazu muss dieser Mitgliedstaat dann detailliertes Begründungsmaterial vorlegen und die anderen überzeugen. Dies gilt auch für die Kommission. Letztlich entscheidet sie über den Erfolg des Verfahrens. Die Vorgehensweise erfreut sich großer Akzeptanz, denn es gibt nur wenige

„Schutzklauselverfahren" (ebenda: 244). Allerdings haben die Experten dann zu große Handlungsmöglichkeiten, wenn die Akteure bei ihren Interessen so weit auseinanderliegen, so dass ein Kompromiss gefunden wird, der Bereiche ausklammert. Dies ist z. B. beim Kinderspielzeug der Fall, wo Lärm und organisch-chemische Verbindungen ausgespart wurden.

Bei der Lebensmittelregulierung konnte die EU nicht auf unabhängige nationale Behörden zurückgreifen, denn die nationalen Ministerien waren zuständig und die nationalen Bürokraten dominierten in den Komitologie-Ausschüssen (ebenda: 245). Weiterhin errichtete die Kommission eine Reihe wissenschaftlicher Ausschüsse, die sie beraten sollten (ebenda: 246). Dabei versucht die Kommission eine Vernetzung mit Nichtregierungsorganisationen zu schaffen (Beispiele bei Quittkat 2011: 106f.). Eine Konstante ist die Europäische beratende Verbrauchergruppe (ECCG) (Quittkat 2011: 102). Das Ergebnis ist ein Patchwork: es fehlen einheitliche europäische Rechtsnormen zum Verbraucher- und Gesundheitsschutz. Regelungen wurden ad hoc getroffen und sind damit in einzelnen Bereichen sehr eng, in anderen nicht vorhanden. Es gibt keine Normen, an denen sich die Politiker orientieren müssten. Daher haben die Mitgliedstaatenausschüsse und der Ministerrat weitgehend freie Entscheidungsmöglichkeiten (Gehring u. a. 2008: 246). Auch wissenschaftliche Ausschüsse blieben eher schwach.

Außer bei der Lebensmittelregulierung sind im Entscheidungsprozess vor allem Experten und Bürokraten tätig, die in keiner Weise für ihre Entscheidungen legitimiert sind. Für die gewählten Repräsentanten aus den Regierungen ist es schwierig, Entscheidungsvorschläge zurückzuweisen.

Zusammenfassend lässt sich sagen, dass in weiten Bereichen der Umweltpolitik Bürokraten, Experten für einzelne Spezialgebiete und Interessengruppen die wesentlichen Akteure sind. Dem Europäischen Parlament kommt aufgrund der bisherigen Forschungsergebnisse nur eine marginale Rolle zu.

Auch in der regulativen Politik führt eine Vielzahl von Politikergebnissen nur zu Empfehlungen. Das bedeutet, dass die Handlungsmöglichkeiten der nationalen Akteure weitgehend gewahrt bleiben (Tömmel 2000: 175). Die Kommission kreiert immer neue Politikfelder, die aber dann wieder vom Ministerrat zurückgestutzt werden (Tömmel 2000: 181), z. B. durch Reduktion der finanziellen Ausstattung.

5.2   Entscheidungsprozesse in der Sozialpolitik

Auch die Sozialpolitik ist weit ausdifferenziert. Von ihrem Schwerpunkt her ist sie mehr als andere Politikfelder eindeutiger der umverteilenden (redistributiven) Politik zuzurechnen, wobei regulative Maßnahmen aber gleichermaßen von Bedeutung sind.

5.2.1   Beschäftigungs- und Rentenpolitik: Korporatismus ohne Europäisierung

Die Sozialpolitik führte in der EG lange ein Schattendasein. Erst seit den 1980er Jahren wird sie von Gewerkschaften, Sozialdemokraten sowie auch von Bürgerinitiativen stärker angemahnt (Falkner 2000: 293). Die rechtliche Grundlage für die Sozialpolitik in der EU wurde durch die EEA geschaffen. Diese zielte auf Maßnahmen im Bereich Sicherheit und Gesundheitsschutz am Arbeitsplatz, die mit Einstimmigkeit (Bähr u. a. 2008: 103) bzw. qualifizierter Mehrheit verabschiedet werden konnten. Diese Bereiche wurden durch den Vertrag von Maastricht ausgeweitet, hinzu kamen die Geschlechtergleichbehandlung und die Beschäftigungspolitik, zu beschließen mit qualifizierter Mehrheit. Allerdings bedürfen Vorkehrungen gegen die Diskriminierung der Einstimmigkeit (seit Amsterdam).

Die Kommission hat auch hier auf eine Zusammenarbeit der Verbände hingearbeitet. Seit dem Vertrag von Maastricht befürwortet die Kommission ein korporatistisches Modell unter Einbeziehung der Sozialpartnerorganisationen (Falkner 2000: 293). Es entwickelte sich die Social Platform, eine Kooperation von inzwischen 40 sozialen NGOs (Kohler-Koch/Buth 2011: 177). Spätestens seit dem Vertrag von Maastricht sind die Sozialpartner Mitgesetzgeber geworden (Leiber/Schäfer 2008: 121). Die Frage ist allerdings, welche Qualität die Einbindung im Einzelnen hat.

Im Hinblick darauf scheinen die einzelnen Aktionen der Kommission nicht besonders bedeutend. Die Generaldirektion Soziales veranstaltet Expertenseminare (Quittkat 2011: 99), Konferenzen richten sich an die interessierte Öffentlichkeit. Sie sind wenig input-orientiert, denn die Veranstalter suchen die Referenten aus (ebenda: 100). Online-Konsultationen, die mit einem Bericht abgeschlossen werden, haben eine niedrige Zugangsschwelle. Daneben finden halbjährliche Treffen beratender Gruppen statt (ebenda: 101). Hier wie im Politikbereich Gesundheit dominieren die ressourcenstärksten Organisationen (ebenda: 122).

Werden mit Hilfe der Celex-Daten die Entscheidungen in der Sozialpolitik analysiert (Bähr u. a. 2008) so ergibt sich, dass – wie schon erwähnt – bereits 2004 die verbindlichen Rechtsakte in der Umweltpolitik deutlich höher sind als die in der Sozialpolitik (ebenda: 97). Hier spielen nicht-bindende Regelungen eine größere Rolle. Wenn zusätzlich noch Änderungen, Anwendungsregeln und geographische Ausdehnungen mit beachtet werden, steigt die Zahl der nichtbindenden Rechtsakte noch an (ebenda: 98).

Die Sozialpolitik hat sich neben den oben aufgeführten auf weitere unterschiedliche Problemfelder ausgeweitet und hier differenziert. Ein Beispiel dafür ist die Rentenpolitik. Der Einfluss darauf sollte zunächst über die Beschäftigungspolitik erfolgen (Hartlapp 2008: 149). Hier wurden seit den 1990er Jahren bestimmte Leitlinien, Ziele und Strategien im Hinblick auf Ältere verabschiedet. Schwerpunkte bilden die Themen Zusatzrenten und Anti-Diskriminierungspolitik (ebenda: 149). Wettbewerbsverzerrungen sollten z. B. im Hinblick auf die Finanzdienstleistungen (Aktien und Rentenfonds) bearbeitet werden. Eine wichtige Rolle spielten im Diskussionsprozess die Generaldirektion Binnenmarkt und Dienstleistungen (GD MARKET), die die Position von Versicherungsleistungen anbietenden Unternehmen vertritt, und die Generaldirektion Beschäftigung, Soziale Angelegenheiten und Chancengleichheit (GD EMPL), die die Position der Nachfrager vertritt (ebenda: 149 ff.), wobei zunächst erstere erfolgreicher war. GD EMPL mobilisierte daraufhin Verbündete, Interessenorganisationen und Experten. Die letztlich verabschiedete Richtlinieentwurf an den Rat traf dort allerdings auf divergierende nationalstaatliche Interessen (ebenda: 153).

Unterschiedliche Positionen gibt es auch im Hinblick auf die Vereinheitlichung der Rentensysteme, hier zwischen der Generaldirektion Wirtschaft und Finanzen (GD ECFIN) und der GD EMPL, wobei allerdings beide eine gemeinsame Rentenpolitik als notwendige Voraussetzung für das Funktionieren der Wirtschafts- und Währungsunion ansehen (ebenda: 153). Dies führte aber nur zur OMK (Offene Methode der Kooperation), um das Politikfeld nicht an andere zu verlieren, denn ab 2000 gibt es auch einen Ausschuss für Sozialschutz (SPC), der sich unter Hinzuziehung von Expertenwissen dieser Fragen auf der Seite der GD EMPL annimmt (ebenda: 155). Dennoch befindet sich die GD ECFIN in einer stärkeren Position, was sich aus der Kompetenzzuweisung im Vertrag ableiten lässt. Seit 2002 gibt es die OMK Renten (ebenda: 156). Die Kommission (Sozialkommissar) stieß mit dem Vorschlag, das Ruhestandsalter an die steigende Lebenserwartung anzupassen, auf den Widerstand der Gewerkschaften (FAZ v. 17.02.2012).

Nicht bindende Entscheidungen finden sich in Bereichen, für die keine gesetz-
liche Grundlage der EU besteht. Inzwischen gibt es in der Sozialpolitik für die
Mitgliedstaaten auch Regelungen, die teilweise bindend sind (Bähr u. a. 2008:
106). Die bindenden Regelungen vermehrten sich, nachdem qualifizierte
Mehrheitsentscheidungen möglich wurden (ebenda: 106, 107).

Die Frage, warum sich die EU mit der Sozialpolitik eher schwer tut, wird von
den Autoren mit den unterschiedlichen Traditionen der jeweiligen sozialen
Sicherungssysteme beantwortet, die jeweils landestypische Ergebnisse erbracht haben und damit große Unterschiede aufweisen. So beruhen die Sozialsysteme entweder auf Steuereinnahmen oder auf Beiträgen (Einnahmenseite),
auf der Ausgabenseite auf dem individuellen Bedarf, dem beruflichen Status,
der Höhe der geleisteten Einzahlungen, dem Ausmaß der Geschlechtergleich-
stellung (ebenda: 109). Daher ist es nicht verwunderlich, dass sich „eine deutliche Mehrheit für die nationalstaatliche Regelung ausspricht" (ebenda: 111).
Nach wie vor scheinen hier die Mitgliedstaaten zu dominieren. Es werden nur
Mindestvorschriften erarbeitet und die einzelnen Mitgliedstaaten geben sich in
diesem Rahmen die eigenen Regeln oder behalten ihre bei (Leiber/Schäfer
2008: 117). Die Kommission hält sich auffallend zurück (Falkner 2000: 299).

Auch bei der Vereinheitlichung des Gesellschaftsrechts standen sozialpolitische Errungenschaften einzelner Mitgliedstaaten auf dem Spiel. Deshalb kamen zwischen 1970 und 2001 keine einheitlichen Regeln zustande (Donnelly
2008: 257). Die neue Europäische Aktiengesellschaft (Societa Europaea/SE)
muss sich dem Gesellschaftsrecht der Mitgliedstaaten anpassen (ebenda: 258).
Mitbestimmungsrechte, die bereits in Unternehmen bestehen, sind dabei bei-
zubehalten (ebenda: 259).

Haben sich die Modi der Governance im Zeitablauf also nicht stark verändert,
wie Bähr u. a. konstatieren? (Bähr u. a. 2008: 112). Die Sozialpartner scheinen mehr eingebunden zu sein. Aber dies bedeutet nicht, dass eine europäische Rechtsetzung angestrebt ist. Nach wie vor existieren keine Sanktionsver-
fahren außer dem „naming and shaming" (Leiber/Schäfer 2008: 129). Weiterhin besteht Konkurrenz, z. B. in der Lohnpolitik (ebenda: 130), was wegen
der sich daraus ergebenden Fluchtmöglichkeiten die Position der Gewerkschaften schwächt.

Die EU fördert durch 35 Mio. Euro jährlich die Stärkung der Sozialpartner
und ihren Dialog. Dies soll auch die neuen Sozialpartner in Osteuropa mit
einbinden (Leiber/Schäfer 2008: 130f.). Als wesentliches Problem wird die
mangelhafte Verzahnung mit der nationalen Politik gesehen (ebenda: 131).

5.2.2   Dienstleistungsfreiheit: Negative Integration durch nationale Sonderwege

Die Freizügigkeit von Arbeit und Kapital ist grundlegendes Ziel eines gemeinsamen Marktes. Die Dienstleistungsrichtlinie (sog. Bolkenstein-Richtlinie) findet ihre Anwendung in der Freizügigkeit und Niederlassungsfreiheit. „Arbeitet jemand dauerhaft im EU-Ausland, wird er dort über die Freizügigkeit in den Arbeitsmarkt integriert und für ihn gelten dieselben Regeln wie für Inländer (abgesehen von der Anerkennung der Berufsqualifikation)" (Schmidt u. a. 2008: 281).

Nach der Erweiterung der EU durch die mitteleuropäischen Staaten befürchteten allerdings westeuropäische Regierungen erhebliche negative Auswirkungen auf ihre nationalen Arbeitsmärkte. So wurde die Freizügigkeit von den meisten europäischen Staaten für eine Übergangszeit beschränkt, auch von Deutschland und Frankreich. Im Zuge einer Politik der „negativen Integration", d. h. der Aushebelung gemeinschaftlicher Politik, stellten sie die nationalen Interessen und innenpolitische Erfordernisse in den Vordergrund (Müller-Brandeck-Bocquet 2006: 484). Hinzu kamen Beschränkungen für bestimmte Sektoren, in denen ein besonderer Lohndruck zu erwarten war, z. B. in Deutschland im Bausektor. Dagegen bestand für die Niederlassungsfreiheit keine Übergangsregelung.

Die Dienstleistungsrichtlinie war bis 2009 vollständig zu erfüllen. Ab 2010 mussten sich die Mitgliedstaaten einer gegenseitigen Evaluation unterziehen, die von der Kommission zusammen mit den Mitgliedstaaten durchzuführen ist. Im Vordergrund soll „eine Gelegenheit zur gemeinsamen Bewertung der Ergebnisse der Umsetzung" stehen, z. B. die Ermittlung bewährter Vorgehensweisen, ein Dialog zwischen den Mitgliedstaaten über eine Annäherung der Regelungsansätze, um damit eine Grundlage für eine „weitere politische Entwicklung im Dienstleistungssektor" zu erreichen (http://ec-europa.eu/internal_market/services/services-dir/faq_de.htm (19.05.2012). Dies scheint den einzelnen Mitgliedstaaten zunächst einmal ziemliche Freiheiten in der Implementation zu lassen.

Zwar gilt grundsätzlich die Regel, dass die auf Arbeitsbedingungen gerichteten nationalen Bestimmungen auch für Arbeitnehmer aus anderen EU-Mitgliedstaaten gelten. Allerdings eröffnet das Ziel, mit diesen Arbeitsnehmern nur einen vorübergehenden Bedarf decken zu wollen, eine Möglichkeit hiervon abzuweichen. Die Zeitspannen werden von den nationalen Entscheidungsträgern festgelegt. Allerdings bestimmt die Rechtsprechung des EuGH, dass einige Mindestbedingungen einzuhalten sind. Für die Dauer des vorübergehenden Bedarfs wird dagegen keine klare Vorgabe gemacht. Die Bedingungen werden in der Regel vom Arbeitgeber festgesetzt (Schmidt u. a. 2008: 283), was natürlich dem Sozialversicherungsbetrug (Sozialabgaben im Herkunftsland, fehlende Krankenversicherung im Dienstleistungsland) Tür und Tor öffnet (s. d. Pennekamp 2012: 12). Kontrollen bleiben häufig unwirksam. Dies führte dazu, dass eine „Task Force Dienstleistungsmissbrauch" (beteiligt sind das Bundesarbeits- und das Bundesfinanzministerium, sowie die Sozialversicherungsträger, die deutsche Verbindungsstelle für Krankenversicherung Ausland (DVKA) und die Bundesländer) (Schmidt u. a. 2008: 284, 286), eingesetzt wurde. Sie war u. a. darum bemüht, durch bilaterale Gespräche zwischen alten und neuen Mitgliedern der EU „zu einem neuen Verständnis der Dienstleistungsfreiheit und ihrer Anwendung zu kommen" (Schmidt u. a. 2008: 286). Auch wurde daraufhin von der rot-grünen Regierung 2005 ein Mindestlohn für alle Sektoren vorgeschlagen, der aber nicht Gesetz wurde, u. a. weil die Tarifautonomie dadurch betroffen wäre (Schmidt u. a. 2008: 285). Weiterhin wird auf das bereits hohe Lohnniveau in Deutschland hingewiesen, das die Wettbewerbsfähigkeit Deutschlands beeinträchtigen könnte. Hier hat die nationale Ebene dazu beigetragen, dass jenseits klar von der EU vorgegebener Regelungen eine Europäisierung voranschreitet.

5.2.3 Einwanderungspolitik: Internationaler Konsens durch Sicherheitsorientierung

Die Zusammenarbeit in der Asyl- und Einwanderungspolitik wurde zunächst unter der sog. „dritten" (intergouvernementalen) Säule organisiert, „… aber aufgrund der Tatsache, dass Entscheidungen einstimmig gefasst werden mussten, verlief die weitere Entwicklung, vor allem im inhaltlichen Bereich schleppend" (Green 2006: 121). Durch den Vertrag von Amsterdam 1998 ist die Einwanderungspolitik aus dem Bereich Sicherheitspolitik herausgelöst und in die „erste" (supranationale) Säule aufgenommen worden.

Ein Schritt zur Annäherung war die gegenseitige Anerkennung von bewährten Konzepten eines anderen Staates („institutioneller Isomorphismus", Wagner 2008: 330). So verständigten sich die Mitgliedstaaten darauf, Asylanträge anderer Mitgliedstaaten anzuerkennen. Aber die einzelnen Staaten behalten zunächst die Entscheidungsmacht, die anderen Staaten achten die nationale Entscheidung, z. B. ob ein Asylantrag ist abzulehnen oder anerkannt wird. Durch die Aufnahme in die erste Säule wurde der Europäische Gerichtshof ein wichtiger Akteur. „Seine Entscheidungen haben unter anderem dazu geführt, dass türkische Staatsbürger in der EU, mit Blick auf das 1960 unterzeichnete

Assoziationsabkommen zwischen der Türkei und der damaligen Europäischen Wirtschaftsgemeinschaft, zunehmend die gleichen Rechte wie EU-Staatsbürger genießen" (Green 2006: 121).

Am 17. Juni 2008 hat die Kommission die gemeinsamen Grundsätze einer europäischen Einwanderungspolitik und die weitere Vorgehensweise zusammengefasst. Die zehn Grundsätze beziehen sich im Einzelnen darauf, dass „legale Einwanderung zur sozioökonomischen Entwicklung der EU beiträgt" und „dass die Maßnahmen der EU-Mitgliedstaaten aufeinander abgestimmt werden, dass die Zusammenarbeit mit Nicht-EU-Ländern weiterentwickelt wird und dass illegale Einwanderung und Menschenhandel wirksam bekämpft werden." (http://europa.eu/legislation_summaries/justice_freedom_security/free_... (19.05.2012). Über die Verfahrensweise heißt es: „Die gemeinsame Einwanderungspolitik wird in partnerschaftlicher Zusammenarbeit zwischen den EU-Ländern und den EU-Institutionen durchgeführt. Ein regelmäßiges Follow-up wird durch einen neuen Überwachungs- und Evaluierungsmechanismus einschließlich einer jährlichen Bewertung erfolgen. Der Europäische Rat wird auf der Grundlage eines Kommissionsberichts über die Einwanderungssituation auf europäischer und nationaler Ebene Empfehlungen aussprechen." (ebenda). Weiterhin wurde von der Kommission (KOM(20059 123) ein Rahmenprogramm für Solidarität und die Steuerung der Migrationsströme für den Zeitraum 2007–2013 vorgeschlagen. Neben den Mitteln für Fonds (Europäischer Flüchtlingsfonds, Fonds Außengrenzen, Europäischer Integrationsfonds, Europäischer Rückkehrfonds) sollten danach u. a. auch Gelder für die Schaffung einer Europäischen Beobachtungsstelle für Wanderungsbewegungen bereitgestellt werden (http://europa.eu/legislation_summaries/justice_freedom_security/free_ (19.05.2012)). Allerdings zeigte sich bereits noch kurz vor dem Vertrag von Amsterdam und dann immer wieder eine wachsende Skepsis der Bundesregierung gegenüber der weiteren Vergemeinschaftung auf diesem Gebiet (Green 2006: 121). Diese ist wohl auch bei vielen anderen Mitgliedstaaten vorhanden, denn die aktuellen Beschlüsse der Innenminister zu einer Grenzschließung unter besonderen Voraussetzungen deuten in diese Richtung.

5.3   Sicherheits- und Außenpolitik

Beide Politikfelder sind immer noch schwerpunktmäßig dem intergouvernementalen Bereich der EU zugeordnet.

5.3.1 Sicherheitspolitik: Extern getriebene intergouvernementale Vereinbarungen

Es gab und gibt Vorbehalte gegenüber einer Vergemeinschaftung. Trotzdem ist in diesem Bereich die Internationalisierung besonders weit vorangeschritten. Dies gilt besonders für die polizeiliche Zusammenarbeit, obwohl die zur Innenpolitik gehörende Sicherheitspolitik ein Politikbereich ist, in dem nationale Eigenständigkeit eine große Rolle spielt. Aber bereits seit Mitte der 1970er Jahre hatte sich allmählich ein Geflecht von Arbeitsgruppen (Lange 2006: 106) unter dem Akronym ‚TREVI' (terrorisme, radicalisme, extremisme et violence international) herausgebildet, denn der Binnenmarkt setzte die Öffnung der Grenzen voraus, also die Beseitigung von Kontrollen und Sicherheitsmaßnahmen (Lange 2006: 106). Der Sensibilität in diesem Politikbereich folgend wurde eher auf informelle bzw. transgouvernementale Kooperationsformen zurückgegriffen. „Die europäische Kooperation begann erst zögerlich und vollzog sich vor allem inkrementalistisch." (Lange 2006: 105).

Für die ersten Treffen der Innenminister wurde eine außerhalb der Grundlagenverträge stehende Europäische Politische Zusammenarbeit (EPZ) als Rahmen gewählt (Wagner 2008: 325). Aufgrund des Schengen-Abkommens von 1985 (Völkerrechtlicher Vertrag) haben die meisten Staaten auf regelmäßige Grenzkontrollen verzichtet, sich aber darüber verständigt, die gemeinsamen Außengrenzen einer stärkeren Kontrolle zu unterziehen. Das verlangte zwangsläufig auch eine engere Kooperation der Polizei- und Justizbehörden. Als weiterer Schwerpunkt erwies sich der Austausch über Terrorismus, später auch über organisierte Kriminalität. „Getagt wurde nicht nur unter Ausschluss der Öffentlichkeit, sondern auch ohne jegliche Beteiligung der Europäischen Kommission" (Wagner 2008: 325). Erst nach dem Vertrag von Maastricht entstanden neue Gremien des Ministerrates und der Kommission und auch erste Institutionen (Europol) (Lange 2006: 107). Aber auch nachdem die Zusammenarbeit eine vertragliche Basis bekommen hatte, blieb der Abstand zu den Gemeinschaftsinstitutionen gewahrt. Zwar wurde die Asyl- und Migrationspolitik durch die Vertragsreformen von Amsterdam und Nizza in den ersten Pfeiler aufgenommen, nicht aber die polizeiliche und strafjustizielle Zusammenarbeit (Wagner 2008: 325; Lange 2006: 107)

Zentrales Entscheidungsgremium ist der Rat der Innen- und Justizminister, dem neben dem Ausschuss Ständiger Vertreter ein weiterer „Ausschuss hoher Beamter" zuarbeitet. Das Ergebnis sind Rahmenbeschlüsse mit Richtlinien, die nicht unmittelbar wirksam sind. Entscheidungen mit qualifizierter Mehrheit bleiben auf Durchführungsmaßnahmen begrenzt. Die Kommission hat zwar ein Initiativrecht, aber viele Vorschläge kommen aus den Reihen der Mitgliedstaaten. Ende der 1990er Jahre wurde eine eigene Generaldirektion geschaffen. Die Mitwirkung des Europäischen Parlaments war im Wesentlichen auf Stellungnahmen begrenzt, die im Rahmen des Anhörungsverfahrens abgegeben wurden (Wagner 2008: 326). Nun hat sich das Europäische Parlament fraktionsübergreifend entschieden zu Wort gemeldet, als die EU-Innenminister nach kontroversen Diskussionen beschlossen hatten, unter bestimmten sicherheitsbedingten Voraussetzungen (vor allem werden die durch illegale Einwanderung gesehen) die Grenzkontrollen bis zu sechs Monaten wieder einzuführen. Zudem hat der Rat beschlossen, dass nur die nationalen Regierungen überprüfen dürfen, ob die Grenzsicherung in den Mitgliedstaaten korrekt funktioniert (FAZ v. 13.06.2012: 1f.). Damit wurde dem Parlament in diesem Politikbereich seine Machtlosigkeit vorgeführt: es wurde nur unterrichtet, es fordert aber Mitwirkung (wie im Art. 77, 70 des Vertrags über die Arbeitsweise der EU vorgesehen). Das Parlament bezieht sich dabei auf den Lissabon-Vertrag, durch den der Schengen-Raum Gemeinschaftsrecht geworden ist. Erwogen wird, die Rechte beim EuGH einzuklagen.

Die operative Seite wird von einigen Agenturen wahrgenommen, wobei die wichtigste das Europäische Polizeiamt (Europol) (Sitz Den Haag) ist. Es kann zwar keine Zwangsmaßnahmen durchführen, aber durch seine datenverarbeitende Tätigkeit soll die Effektivität der nationalen Polizeiarbeit erhöht werden (Wagner 2008: 326, 336ff.). Das Amt wurde aufgrund eines zwischenstaatlichen Übereinkommens gegründet. Steuerungszentrum ist der von den Mitgliedstaaten besetzte Verwaltungsrat, die Institutionen der EU (Kommission, Parlament und EuGH) „sind weitgehend marginalisiert" (Wagner 2008: 336). Hinzu kommen etwa 400 Europolbeamte und 80 Verbindungsbeamte. 2002 wurde Europol von Eurojust flankiert. Dieses Koordinationsgremium der Staatsanwaltschaften soll „grenzüberschreitende Ermittlungen koordinieren helfen ..." (Wagner 2008: 326). Bei der Koordinierung operativer Maßnahmen ist zudem die Task-Force der europäischen Polizeichefs tätig. Das Bundeskriminalamt (BKA) musste sich auf die im Aufbau befindliche europäische Polizeibehörde einstellen (Lange 2006: 94).

Auch der Rat der Innen- und Justizminister selbst ist operativ tätig, z. B. „wenn er im Rahmen der Terrorismusbekämpfung Listen von Terrorgruppen definiert oder Guthaben einfriert." (Wagner 2008: 326). Es herrschen also intergouvernementale und souveränitätsschonende Strukturen vor. Unterschiedliche Rechtssysteme sind zudem nicht geeignet eine Harmonisierung voranzubringen. Insgesamt lassen sich für das Politikfeld Ineffizienzen feststellen: das Aushandeln von Rechtsakten dauert manchmal Jahre, Vereinbarungen kommen auf dem kleinsten gemeinsamen Nenner zustande und die Ratifizierungsverfahren verzögern zusätzlich weiter (ebenda: 326f.). Dennoch zeigt das Politikfeld „eine bemerkenswerte Dynamik" (ebenda: 327). Diese ist vor allem dadurch bedingt, dass das Prinzip der gegenseitigen Anerkennung, z. B. bei Asylverfahren und Strafsachen, gilt, so dass beim Sondertreffen des Rates 1999 in Tampere dieses Prinzip zum „Eckstein" der Innen- und Justizpolitik erklärt wurde (Wagner 2008: 330). Dies hat aber zur Folge, dass die innere Sicherheit gegenüber der Freiheit privilegiert ist. Nationale höchste Gerichte haben beim Europäischen Haftbefehl korrigierend gewirkt und Grundrechtsstandards gewahrt (Wagner 2008: 335f.).

Denn die datenverarbeitende Tätigkeit von Europol berührt die Grundrechte der Betroffenen. Hier gilt nach wie vor der kleinste gemeinsame Nenner: die Datenschutzrichtlinie der Europarates. Ansonsten bleiben bisher die unterschiedlichen Standards in den Mitgliedstaaten bestehen, die aber leicht unterlaufen werden können (Wagner 2008: 338f.). Eine Kontroverse besteht seit Jahren in Deutschland über die Vorratsdatenspeicherung und den Zugriff auf diese Daten: Die FDP-Justizministerin vertritt die Linie der informationellen Selbstbestimmung: sie will Telefon- und Internet-Daten nur aus konkreten Anlässen, z. B. geplanten Verbrechen oder begangenen Verbrechen, speichern lassen, während der Innenminister von der CSU den Sicherheitsaspekt betont und moderne Verbrechensbekämpfung nur so für möglich hält. Er will eine pauschale Speicherung für sechs Monate. Das „Bundesverfassungsgericht hält den Zugriff des Staates auf Verbindungsdaten für einen schwerwiegenden Eingriff in die Grundrechte" (Müller 2012: 1). Die EU-Richtlinie zur Terrorabwehr und Strafverfolgung in Mitgliedstaaten sieht aber die Speicherung von Verbindungsdaten vor (EU-Kommission, 2006/24/EG). Nun soll von deutscher Seite versucht werden, diese entsprechend einer potentiellen Kompromisslinie zu überarbeiten (Wittke 2012: 2). Die zuständige EU-Kommissarin dringt auf eine Einigung in dieser Frage und hat inzwischen ein Vertragsverletzungsverfahren in Gang gesetzt (FAZ v. 01.06.2012).

Wenn auch vordergründig „die innerdeutsche Vereinigung viel deutlicher noch als die europäische Integration eine Reihe von Veränderungen" auslöste (Lange 2006: 93), so hat ein außereuropäisches Ereignis, nämlich die Anschläge vom 11. September 2001, zu einer Stärkung der polizeilichen Stellung des Bundes beigetragen (Für Einzelheiten s. Lange 2006: 98ff.). Denn den in Europa ausgehandelten Rechtsakten wird im Bundestag aus europäischer Raison auch gegen Bedenken meist zugestimmt (Wagener 2008: 328). Besonders die „Versicherheitlichung", also die Darstellung eines Themas als Sicherheitsproblem ist gut durchsetzbar. Denn der starke und repressiv vorgehende

Staat wird im Hinblick auf Sicherheitsaspekte eingefordert (Lange 2006: 91).
Die Länder versuchen zwar ihre „Polizeihoheit" zu wahren, indem sie darauf
drängen an Verhandlungsprozessen beteiligt zu werden. Diese finden aller-
dings in Gremien statt, die „vorrangig vom Bund und den übrigen EU-
Mitgliedsstaaten und den entsprechenden EU-Gremien bestellt werden."
(Lange 2006: 105).

5.3.2 Außenpolitik: Intergouvernementales und souveränitätsschonendes Vorgehen

Dieser Politikbereich (GASP) ist mit den Anfängen der europäischen Integra-
tionsbemühungen verbunden, allerdings konnte es anfangs noch keine Annäherung oder Übereinstimmung geben. Hier sind ganz besonders die Großen in
der EU durch ihre Macht- und Einflussnahmen wichtig: traditionell Frankreich und Großbritannien, neuerdings auch Deutschland. Es gibt deutliche
Präferenzunterschiede in sicherheitspolitischen Fragen. Dies bedingt zwischenstaatliche Abstimmungsprozesse.

1970 gelang der Einstieg in eine engere Zusammenarbeit. Inzwischen ist der
ursprünglich als Europäische Politische Zusammenarbeit (EPZ) „praktizierte
diplomatische und politische Abstimmungsmechanismus durch die Einheitliche Europäische Akte 1987 auf eine vertragsrechtliche Grundlage gestellt ..."
(Maull 2006: 438). „Die vertraglichen Grundlagen der GASP wurden seit
1993 beständig ausgebaut und verfeinert", ohne intergouvernementale und
souveränitätsschonende Abstimmungsmechanismen aufzugeben (Diedrichs
2008: 345). Sie stellen inzwischen ein transnationales Verhandlungssystem
dar. Durch den Vertrag von Maastricht 1991 wurde die EPZ „um ein breiteres
und reichhaltigeres Repertoire angereichert ..." (Diedrichs 2008: 345). Inzwischen ist sie als zweiter Pfeiler in der EU aufgewertet (Maull 2006: 438).

Die GASP ist zudem mit der NATO, der UNO und der OSZE vernetzt.
Schrittweise wurde durch die Ausweitung zur Sicherheitspolitik auch die
WEU in die EU einbezogen (Maull 2006: 438). Diese Aufgabenwahrnehmung
wird durch einen „imposant angewachsenen und routinierten außenpolitischen
Apparat" unterstützt, der die diplomatischen Aktivitäten der EU-Mitgliedstaaten vernetzt und koordinieren soll (Diedrichs 2008: 346). Die Interessen
der Großen sind allerdings nach wie vor unterschiedlich: Frankreich ist an
einer eigenständigen Rolle interessiert (mit zunehmender Emanzipation von
NATO und USA), während Großbritannien stärker darauf hinwirkt, dass Europa als Voraussetzung eines Engagements der USA in Europa eine ausgewo-

gene Lastenverteilung innerhalb der NATO im Auge hat (Diedrichs 2008: 347).

Bei der Weiterentwicklung der GASP zur gemeinsamen Europäischen Sicherheits- und Verteidigungspolitik (ESVP) war die Erklärung von St. Malo wichtig. Hier wurde versucht, die unterschiedlichen Präferenzen zu überbrücken. Die EU müsse eine autonome Handlungsfähigkeit haben, die sich auf glaubwürdige militärische Kräfte stützt (Diedrichs 2008: 347). Es folgte die Erklärung des Europäischen Rats „über die Stärkung der gemeinsamen europäischen Sicherheits- und Verteidigungspolitik", verabschiedet auf dem Kölner Gipfel vom Juni 1999 (Müller-Brandeck-Bocquet 2006: 483), angesichts der Schwierigkeiten im Umgang mit der Jugoslawienkrise. Als Ziel wurde eine Eingreiftruppe ins Auge gefasst, die sowohl humanitäre und friedenserhaltende Maßnahmen als auch Kampfeinsätze durchführen kann (Diedrichs 2008: 347f.). Auf dem Gipfel des Europäischen Rates in Helsinki 1999 wurde dann vereinbart, „bis zum Jahr 2003 Krisenreaktionskräfte mit einem Umfang von 60.000 Soldaten aufzustellen." (Müller-Brandeck-Bocquet 2006: 483f.). Die Bildung weiterer Ausschüsse war die Folge und innerhalb der Generaldirektion E für Außenbeziehungen wurden die Direktionen (ESVP), Verteidigungsfragen sowie Zivile Krisenbewältigung und Koordination geschaffen (Diederichs 2008: 348), beschlossen im Europäischen Rat von Nizza 2000 (Müller-Brandeck-Bocquet 2006: 284). Im Vertrag von Nizza (2001) und dem Vertrag von Lissabon (2007) kam es dann zur Überführung der ESVP in die „Gemeinsame Sicherheits- und Verteidigungspolitik". Dahinter „verbirgt sich eine erhebliche Weiterentwicklung der europäischen Sicherheitspolitik: So haben die EU-Staaten eine Beistandsklausel vereinbart, die nun auch die neutralen EU-Mitgliedstaaten (Finnland, Irland und Österreich) erfasst." (http://www.auswaertiges-amt.de/DE/Europa/Aussenpolitik/GSVP/GSV.. (02.06.2012). Die „Ständigen Strukturen der Zusammenarbeit" gestattet einzelnen Mitgliedern, unter diesem Dach weiterführende Schritte bei der Entwicklung militärischer Fähigkeiten zu gehen, denen sich nicht alle Mitgliedstaaten anschließen müssen (ebenda). Die militärische Handlungsfähigkeit beruht allerdings nach wie vor auf der Freiwilligkeit der Staaten, Truppenkontingente bereitzustellen (Dierichs 2008: 349). Mit den nun vorhandenen Instrumenten kann die EU im Rahmen der GSVP die gesamte Bandbreite der Krisenprävention bis zur Nachsorge bearbeiten (ebenda). Deutschland leistet dazu einen wichtigen Beitrag. Weiterhin wurde die Position der Hohen Vertreterin der EU für Außen- und Sicherheitspolitik geschaffen (s.o.).

Die Entscheidungen über Kriseneinsätze werden durch intensive Abstimmungs- und Koordinationsprozesse zwischen den Mitgliedstaaten wie innerhalb der NATO vorangetrieben. Formalisiert wird die Entscheidung durch den Rat der EU. Sie steht unter dem Vorbehalt nationaler Zustimmungserfordernisse (Diedrichs 2008: 351), Der Einsatz solche Operationen hat sich „hoch dynamisch" entwickelt (ebenda). Das zeigt, dass sich die Entscheidungsprozesse formalisiert haben. Da die Missionen teilweise aus einzelstaatlichen Mitteln und zum Teil aus EU-Mitteln finanziert werden, ist auch das Budgetrecht des Europäischen Parlaments tangiert, was ihm eine Ausgabenkontrolle sichert (ebenda: 352).

Es gibt Missionen, die von der EU allein durchgeführt werden und solche in Kooperation mit der NATO, was natürlich noch größere Abstimmungsprozesse voraussetzt. Die NATO entscheidet idealtypisch zunächst darüber, ob sie selbst eine bestimmte Operation durchführt (Diedrichs 2008: 359). Besonders Frankreich drängt nach wie vor auf Unabhängigkeit der EU von der NATO. Die souveränitätsschonenden Arrangements dominieren, denn der Rüstungsbereich ist hochsensibel.

6 Wirkungen der EU auf die Entscheidungssysteme in den Mitgliedsstaaten

In der neueren Literatur werden die Wirkungen für die Mitgliedstaaten vor allem in einer Top-down-Perspektive beschrieben. Es geht um die Implementierung europäischer Policies und deren Compliance (Regelbefolgung) auf nationaler Ebene (Schmidt u. a. 2008). Erfolgt die Betrachtung aus der Langfrist-Perspektive, so sind Fortschritte im europäischen Vereinigungsprozess in vielen Bereichen mit Folgen für die einzelstaatlichen Handlungssysteme festzustellen. Dies ist vor allem über die funktionalistische Strategie geschehen. Der wichtigste Vorteil liegt darin, dass nur Teilbereiche betroffen waren und die Integration ohne unmittelbar sichtbare Einschränkung der nationalen Souveränität erfolgt.

1951 kam es zur EGKS, 1957 zu EWG und Euratom (1957), während nur die Europäische Verteidigungsgemeinschaft 1954 an der französischen Nationalversammlung scheiterte. „Spill-over"-Effekte waren zu verzeichnen solange vor allem ökonomische Sachbereiche betroffen waren, die eine Schaffung des gemeinsamen Marktes betrafen. Beim Vorrücken der europäischen Integration auf die Zentralbereiche nationalstaatlicher Politik wurde die Wirksamkeit der funktionalen Logik häufig in Frage gestellt. So hatte die Gemeinschaft seit den 1970er Jahren schon Anläufe zur Durchsetzung einer gemeinsamen Konjunktur- und Währungspolitik unternommen. Nach dem „Werner-Plan" (1970) sollte bereits für 1980 ein gemeinsames Entscheidungsgremium für Wirtschaftspolitik und ein gemeinsames Zentralbankensystem entstehen. Doch erst seit dem Vertrag von Maastricht 1991/92 und der Zielperspektive Europäische Union (EU) als politische Union nahm die Zusammenarbeit insbesondere in der Wirtschaftspolitik aber auch in der Außen- und Sicherheitspolitik umfangreichere Aufgabenfelder in den Blick. Eine Währungsunion mit einer gemeinsamen europäischen Währung wurde 2001 vollendet. An ihr sollten nur Staaten teilnehmen, die im Hinblick auf die Geldwertstabilität bestimmte Kriterien erfüllen. Heute zeigt sich, dass die zugrundeliegenden Kriterien für den Beitritt zur Währungsunion nicht genügend sorgfältig geprüft wurden und politische Entscheidungen für die Aufnahme der heutigen Krisenstaaten, insbesondere Griechenlands, eine wichtigere Rolle spielten. Schmerzlich erscheint im Zuge der Krise, dass keine europäische Wirtschaftspolitik erreicht werden konnte.

Im Bereich der inneren Sicherheit geht die Europäisierung rasch voran – trotz einer Marginalisierung der supranationalen Institutionen (Wagner 2008: 339). Hier waren äußere Einflüsse (Terroranschläge in verschiedenen Ländern, beginnend mit dem 11. September 2001) sicherlich wichtige Katalysatoren.

Die Folgen sind natürlich in den Mitgliedstaaten und in den einzelnen Politikfeldern sehr unterschiedlich, da die Sozialsysteme, die Produktivität der Wirtschaft und die divergierenden Steuersysteme unterschiedliche Wohlfahrtsergebnisse hervorgebracht haben (mit Luxemburg und Bulgarien als Extremen). Dies gilt aber auch im Hinblick auf unterschiedliche institutionelle Strukturen in den Mitgliedstaaten.

6.1 Institutionelle Aspekte der Integration

Die EU-Entscheidungen sind von beträchtlicher Tragweite (Börzel 2008: 75–79; Bähr u. a. 2008: 97–101, 107, 112). Die „Gemeinschaftsgesetze" (Verordnungen bzw. Entscheidungen) setzen in der Gemeinschaft gleiches Recht. Dagegen werden die Mitgliedsstaaten durch die Richtlinien nur angewiesen, Maßnahmen in einer bestimmten Frist zu treffen, die zur Verwirklichung eines von der Gemeinschaft gewünschten Ergebnisses erforderlich sind. Wie dies im Einzelnen geschieht, bleibt den Adressaten überlassen. Auf diesen Einfluss von außen reagieren die Mitgliedsstaaten nach ihren jeweiligen Regeln, die auch durch ihr jeweiliges Institutionengefüge bzw. ihre institutionellen Arrangements bestimmt sind (s. oben). Natürlich werden im Rahmen einer krisenhaften Entwicklung wie jener der letzten Jahre die Einschränkungen der nationalen Handlungsoptionen besonders deutlich.

Vor allem durch die Verordnungen und den in der aktuellen Krise außerhalb der EU-Verträge beschlossenen Entscheidungen für die Euro-Zone führt die weitere Integration zur Erosion demokratischer Legitimation. Die Wirkungen der EU-Verordnungen auf die Mitgliedsstaaten sind vor allem für die eher zentral regierten gravierender. Dies wird besonders in Großbritannien immer wieder betont, denn hier sehen Politiker und Experten die Parlamentssouveränität untergraben, was zu einer Abwehrhaltung gegenüber der EU insbesondere bei konservativen Politikern führt. Allerdings haben zentralstaatlich regierte

Staaten auch die Chance, direkter auf die Politikformulierung der EU einzu-
wirken. In föderalistischen Systemen mit ihrer Mehrebenenstruktur gibt es
dagegen die Möglichkeit, Anpassungsprozesse zu verzögern. Denn die Mit-
wirkungserfordernisse auf den verschiedenen Ebenen sind in der Regel gegeben. Die Implementation der vergemeinschafteten Politik ist zudem an die
Mitwirkung der Länder und der kommunalen Ebene gebunden. In Deutschland erhoben der Bundestag und vor allem einzelne Länder (z. B. Bayern)
Ansprüche auf mehr Mitwirkung und diese wurde auch über die Beteiligung
des Bundesrates gewährt (Art. 23 Abs. 1 GG) (Müller-Brandeck-Bocquet, in:
Kreile 1992: 173 ff.). Jede Übertragung von Hoheitsrechten auf die EU verlangt die Zustimmung des Bundesrates. Jedoch blieben die „Vetopositionen"
des Bundesrates lange „randständig" (Sturm/Pehle 2005: 95), während es bei
der Schuldenbremse im Rahmen des Fiskalpaktes erstmals um eine als empfindlich betrachtete Einschränkung der Handlungsfähigkeit der Länder und
indirekt auch der Kommunen geht.

In einzelnen Politikfeldern ist auch das „Gegenstromprinzip" ausgeprägter.
Erfolgreiche Mitwirkungsbegehren verschiedener nachgeordneter Ebenen
können zusätzlich aktiviert werden, z. B. in der Umweltpolitik und in der
Strukturpolitik. Die Akteure aus Verwaltung und Politik dieser Ebenen müssen
allerdings mit anderen Interessenvertretern und Lobbyisten um Einfluss
kämpfen (Börzel 2002: 125). Aber in der Strukturpolitik besitzen die Regionen einen wirksameren Einfluss auf der Landes- wie auf der europäischen
Ebene. Dagegen haben die Kommunen im Zuge des Gegenstromprinzips auch
deshalb geringere Chancen der direkten Einflussnahme, weil sie meist im
scharfen Wettbewerb miteinander stehen. Abwehrreaktionen bei der Implementation sind aber selten. Obwohl meist eine Mitfinanzierung der europäischen Finanzhilfen erfolgen muss, sind die Kommunen doch meist bereit,
trotz finanzieller Engpässe ihren Beitrag zu leisten und damit die Bedingungen der Implementation zu erfüllen (vgl. Börzel 2002: 126 ff.). Denn das
Lenken von Geld in die Region gilt als wichtig. Wenn sich also kritische Einschätzungen und Abwehrreaktionen gegenüber Europa ergeben, so beziehen
sie sich eher auf politikfeldspezifische Aspekte des Vergemeinschaftungspro-
zesses. Dort, wo die positiven Wirkungen desselben erkennbar sind, kann die
weitere Integration davon profitieren.

Dies ist allerdings nicht in allen Mitgliedstaaten der Fall. So sehen viele Griechen den Mehrwert durch die Mitgliedschaft in der EU nicht, obwohl reichlich Hilfsgelder aus verschiedenen Fonds nach Griechenland geflossen sind,
die Wirkungen aufgrund eines korrupten Systems und der Unfähigkeit der
Administration aber nicht bei der breiten Bevölkerung sichtbar wurden. In

Mitteleuropa werden immer wieder kritische Stimmen gegenüber der EU laut – vor allem aus dem konservativen Lager -, weil sich die Staaten erst jüngst aus der Bevormundung der UdSSR gelöst haben und sie daher die Vereinnahmung durch die EU skeptisch sehen. Dies gilt vor allem für Polen, Tschechien und Ungarn.

Insbesondere die Neuverteilung von Aufgaben ist konfliktbeladen, wie sich bereits auf der nationalen Ebene im föderalen System Deutschlands zeigt. Dabei sind Entscheidungsprozesse als Handlungskoordination zwischen unterschiedlichen Akteurskategorien (Tömmel 2008: 18) häufig sehr kompliziert. Eine Neuverteilung der Aufgabenzuordnung für die unterschiedlichen Ebenen des Mehrebenensystems EU wäre angesichts der Betonung des Subsidiaritätsprinzips im Lissabon-Vertrag aber nötig. Bisher wurde wenigstens erreicht, dass in jedem Einzelfall die Tätigkeit der EU begründet werden muss. Nach der Erweiterung der Kooperation im Bereich Inneres und Justiz wirken Vertreter der Länder in Beratungsgremien des Rates und der Kommission mit.

Am schwersten wiegt allerdings, dass eine Verantwortungszuordnung für die Ergebnisse der europäischen Politik nicht möglich ist (Scharpf 1999: 22 ff.). Insbesondere sind die „new modes of governance", die nichthierarchisch unter Ausschluss der Öffentlichkeit stattfinden und politikfeldspezifisch offenbar unterschiedlich ablaufen, schwer durchschaubar. So wird die Bewältigung der aktuellen Euro- oder Staatsschuldenkrise zentralen politischen Akteuren zugeordnet, nicht aber dem unübersichtlichen Geflecht von Mitwirkenden aus halböffentlichen und privaten Akteuren. Obwohl bisher meist nur einzelne Politikfelder untersucht wurden und die Ergebnisse häufig nicht vergleichbar sind, lässt sich doch sagen, dass nicht-legislative Verfahren der Steuerung wesentlich sind, die für einzelne Bereiche deutlich herausgearbeitet wurden (Heritier 2002). Ob europäische Politik völlig anders abläuft als auf nationaler Ebene ist ebenso wie die Bewertung noch umstritten. Jedenfalls bewirkt der Zwang zur Einbindung möglichst vieler Standpunkte (Meinungen), dass Mehrheitsentscheidungen selten sind und eher konkordante Entscheidungsverfahren angewandt werden. Die Staats- und Regierungschefs als wichtige Entscheidungsträger auf der europäischen Ebene (auch aus den Mitgliedsstaaten der Gründungsmitglieder) müssen tatsächliche oder potentielle nationale Vetospieler mit in ihren Entscheidungen berücksichtigen, um die Stabilität ihrer eigenen nationalen Regierung nicht zu gefährden. Solche Veto-Spieler im Hinblick auf die Vereinigung Europas, angeführt von Populisten, setzen sich besonders in der aktuellen Krise in Szene.

Populisten haben in konkordanzdemokratischen Systemen traditionell eine größere Chance, Wähler zu mobilisieren, wenn sie verdeutlichen können, dass die dominanten Parteien sie von Entscheidungsprozessen ausschließen (wie in Österreich) oder sich Sparzwänge im langjährig gewohnten Wohlfahrtsstaat gegen breitere Bevölkerungskreise richten (wie in Schweden und Griechenland). Ein gewisser Sozialchauvinismus reicherer Landesteile gegenüber ärmeren (Belgien) bildet häufig einen Ansatzpunkt. Auch die Regeln des Wahlrechts und der Parteienfinanzierung bieten unterschiedlich günstige Gelegenheiten, schnell zu Erfolgen zu kommen. In manchen Mitgliedstaaten treffen die genannten Faktoren gleichzeitig zu.

Die Parteiensysteme in den westlichen Staaten der EU haben sich stärker ausdifferenziert, während sie bei den neuen Mitgliedern in Mitteleuropa noch starken Veränderungen von Wahl zu Wahl unterliegen. Bei abnehmender Parteibindung auch in den etablierten westlichen Demokratien – wie sie in Mitteleuropa nach der Transformation ohnehin die Regel ist – kann nicht ausgeschlossen werden, dass das Wählerpotential für Populisten (insbesondere von rechts) noch weiter zunimmt. Jedenfalls können sie vorübergehend die öffentliche Meinung dominieren.

Die Hürden für die erste Teilnahme an einer allgemeinen Wahl bzw. die Kandidatenaufstellung sind bei den EU-Mitgliedstaaten unterschiedlich hoch. In Deutschland regelt das Parteiengesetz, dass die Aufstellung von Kandidaten in geheimer Abstimmung erfolgen muss (§ 17 PartG), weitere Einzelheiten enthalten das Wahlgesetz und die Parteisatzungen. In den meisten Ländern gibt es kein Parteiengesetz, d. h. nur das Wahlgesetz ist ausschlaggebend und die Parteien geben sich durch ihre Organisationsstatute selbst die Regeln für die Kandidatenaufstellung.

Meist wird in den Wahlgesetzen davon ausgegangen, dass eine Partei oder Gruppierung (z. T. mit einer Mindestzahl von Mitgliedern) hinter dem Kandidaten steht. So werden zum Beispiel in Deutschland in einem Bundesland maximal 2.000 (Lindner/Schultze 2010: 757), in Dänemark aktuell fast 20.000 Unterschriften für Neubewerbungen von Parteien benötigt (Elklit 2010: 516f.). Einzelbewerber haben bei nationalen Wahlen ohnehin geringe Chancen für einen Wahlerfolg. Unabhängige Kandidaten benötigen in Dänemark in einem Wahlkreis 150–200 Unterschriften von örtlichen Wahlberechtigten (Elklit 2010: 516f.). In Österreich und in Belgien werden Unterschriften von mindestens drei gewählten Repräsentanten der auslaufenden Legislaturperiode verlangt. Ansonsten müssen je nach Größe des österreichischen Bundeslandes (des Wahlkreises) unterstützende Unterschriften (500 bis 100) für die Kandidatur erbracht werden (Poier 2010: 191; Trefs 2010: 286). In den Niederlanden benötigen neue Bewerber nur 30 Unterschriften, in Großbritannien nur 10.

Neben den Unterschriften muss in manchen Ländern noch ein Wahleinsatz gezahlt werden. In anderen Ländern (wie z. B. in Deutschland) wird gar kein Wahleinsatz (eine „Verwaltungsgebühr") erhoben. Er ist in den Niederlanden mit 11.250 Euro hoch (Andeweg u. a. 2010: 1388), in Großbritannien beträgt er 500 GBP (Rose/Munro 2010: 2013) (ca. 600 Euro), in Österreich dagegen nur 435 Euro je Kandidatur, der im Allgemeinen verloren ist (Poier 2010: 191). In Großbritannien gibt es Chancen, ihn bei entsprechendem Wahlerfolg zurückzubekommen. Der Kandidat muss dafür 5 Prozent der Stimmen im Wahlkreis gewinnen.

Eine Besonderheit für die Direktwahl des französischen Staatspräsidenten ist, dass der Kandidat 500 Unterschriften von Mandatsträgern aus mindestens 30 Departements beibringen muss, um kandidieren zu können. Dabei dürfen die Unterschriften aus einem Departement nicht 10 Prozent überschreiten (Nohlen 2010:668). 2002 gelangte Le Pen (Front National) zwar im ersten Wahlgang zur Präsidentschaft mit 16,86 Prozent auf Platz 2 (Nohlen 2010: 713). Allerdings hatte er vorher Schwierigkeiten, die geforderten 500 Unterschriften von Paten zu gewinnen, weil die Listen erstmals öffentlich gemacht wurden. Es wird gemutmaßt, dass seine Kandidatur auch dadurch möglich wurde, dass er bei seiner Wahlbewerbung für das Präsidentenamt zahlreiche Unterschriften von Paten aus dem rechten Lager erhalten hatte, um so den Kandidaten der Sozialisten Jospin zu schwächen. Die Tochter Le Pens hatte für ihre Kandidatur 2012 das gleiche Problem, die erforderliche Unterstützung zu erhalten (FAZ v. 14.01.12).

Eine zusätzliche Hürde für neue Parteien ist die Vier- (Schweden, Österreich (Jahn 2009: 122; Pelinka 2009: 625) bzw. Fünf-Prozent-Hürde (Deutschland, Belgien (Trefs 2010: 287) zum Einzug ins Parlament, dagegen gibt es in Dänemark nur eine Zwei-Prozent-Hürde (Eklit 2010: 517) und in den Niederlanden liegt sie sogar bei 0,67 Prozent (Andeweg et al.: 1389).

Die neuen Mitglieder der EU aus Mitteleuropa haben sich bei den Regelungen der Wahlbewerbung zum Teil an denen von etablierten Demokratien im Westen Europas orientiert. Zur Nominierung eines Parlamentskandidaten wird in Polen ein Wahlausschuss gebildet, der die Kandidatenlisten aufstellt. Für die Liste müssen mindestens 5.000 Unterschriften beigebracht werden. Bei registrierten Parteien, die bereits in 50 Prozent der Wahlkreise Listen aufgestellt hatten, entfallen diese (Materska-Sosnowska 2010: 1486f.). Unabhängige Kandidaten in Ungarn müssen mindestens 750 unterstützende Unterschriften von Wählern vorweisen können, die im Wahlkreis registriert sind (Grotz/Hubai 2010: 894). Allerdings wurde zum Beispiel in Polen und in Ungarn erst nach und nach der Tatsache Rechnung getragen, dass eine Viel-parteienlandschaft Probleme für das Regieren schafft und die Fünf-Prozent-Hürde eingeführt. In Polen gilt zudem für Wahlbündnisse eine Hürde von 8 Prozent, in Ungarn für Wahlbündnisse zweier Parteien eine Zehn-Prozent-Hürde und für mehr als drei Parteien beträgt sie sogar 15 Prozent (Zie-mer/Matthes 2002: 217; Körösenyi 2002: 328). Da die Hürden für völlig neue Parteien oder einzelne Wahlbewerber in den einzelnen Ländern schwer zu überwinden sind, verwundert es nicht, dass Parteien, die bereits Parlaments-sitze in Teilgebieten errungen haben, als Ausgangspunkt für den Einstieg in den überregionalen Wettbewerb genutzt werden.[11]

Eine Hilfe für neue Gruppierungen ist dagegen die staatliche Parteienfinanzie-rung, die dem verfassungsrechtlichen Gebot der Chancengleichheit unterliegt und deshalb deutlich niedrigere Zugangshürden aufweist, also zuweilen be-reits bei einer geringen Zahl von Wählerstimmen zur Wirkung kommt. In Deutschland müssen Parteien nur 0,5 Prozent der Stimmen bei bundesweiten Wahlen (Bundestag und Europaparlament) oder bei Landtagswahlen 1 Prozent der Stimmen erlangen, um an öffentliche Mittel zu gelangen. Allerdings wird das Geld z. T. als Matching Fund vergeben: die öffentlichen Gelder dürfen nicht die Summe der selbst erwirtschafteten Einnahmen aus Beiträgen und Kleinspenden übersteigen. Zusätzlich sind Zuwendungen von Spendern (die ab 10.000 Euro zu veröffentlichen sind) genau zu beobachten. Ersteres ist auch in Ungarn der Fall. Hier werden Parteien an öffentlichen Mitteln betei-ligt, sobald sie mindestens 1 Prozent der Wählerstimmen auf sich vereinigen konnten (Körösenyi 2002: 338). In Dänemark liegt die Schwelle noch niedri-ger: 1.000 Stimmen in landesweiten Wahlen müssen erreicht werden (Naßma-cher 2009: 311). In anderen Ländern Europas ist die Schwelle höher.

Besonders hohe Hürden haben die Parteien zu nehmen, die in ihren Ländern Mandate gewinnen müssen, um bei der Vergabe öffentlicher Mittel berück-sichtigt zu werden. In den Ländern Dänemark, Deutschland, den Niederlanden und Belgien sind die Bedingungen für die Zugang zu öffentlichen Mitteln als vergleichsweise fair zu bezeichnen, d. h. die Hürde liegt unter 2 Prozent der zu erreichenden Wählerstimmen. Italien ist mit der Zugangsschwelle von 2 Prozent der Stimmen in der Mitte anzusiedeln, während in Polen, Schweden und Österreich von Wahlbewerbern z. T. deutlich mehr als 2 Prozent der Wäh-lerstimmen verlangt werden, damit sie an der Verteilung öffentlicher Mittel

---

[11]   Solche Erwägungen gibt es beispielsweise 2012 in Bayern bei den Freien Wählern.

teilhaben. Dies könnte so gewertet werden, dass die etablierten Parteien die Neuen ausschließen wollen (Nassmacher 2009: 311, 312, 313). Frankreich ist auch zu dieser Gruppe zu zählen, da jede staatliche Zuschussart wiederum mit spezifischen Restriktionen daherkommt. Auch die im Europäischen Parlament vertretenen Parteien/Parteibündnisse erhalten eine finanzielle Unterstützung. Davon sind jedoch neu im Wettbewerb auftretende Wahlbewerber bis zu einem Wahlerfolg ausgeschlossen (genauer von Arnim 2005: 248f.).

Traditionell sind in den nach Verhältniswahlsystemen wählenden Ländern die Populisten von rechts und links sowie Extreme aus beiden Richtungen viel erfolgreicher, in die überregionalen Parlamente vorzudringen (Stöss 2006: 528f.). Dies ist weit weniger der Fall in Staaten mit Mehrheitswahl in Einer-Wahlkreisen, etwa in Großbritannien und Frankreich. In Frankreich bestanden auf Grund des vorübergehenden Wechsels zur Verhältniswahl 1986 (Mudde 2007: 235; Nohlen 2010: 666) sowohl auf nationaler als auch bei den Wahlen zum Europäischen Parlament Chancen für Populisten. Ersteres brachte dem Front National einen landesweiten Durchbruch mit 35 Sitzen in der National-versammlung. In der Folge führten auch wahltaktische Manöver bei absoluter Mehrheitswahl zu Mandaten (Kempf 2010: 386; Nohlen 2010: 705). In Groß-britannien ist ein Mandatsgewinn auf gesamtstaatlicher Ebene bislang kaum möglich. In Ungarn gibt es eine Kombination von absoluter Mehrheitswahl und Verhältniswahl (Grotz/Hubai 2010: 895). Als weitere Schwelle kommen in Ungarn noch die Mehrerwahlkreise hinzu (Körösenyi 2002: 329).

Insgesamt lässt sich resümieren, dass es bislang auch erhebliche institutionelle Filter gibt, die Erfolge potentieller nationaler Veto-Spieler gegen europäische Vergemeinschaftung durchaus behindern, z. T. sogar verhindern konnten. Gibt es auf nationaler Ebene keine Einigung oder potentielle Abwehrreaktionen, die die nationale Regierungsarbeit gefährden, so nutzen Mitgliedstaaten nicht nur die Strategie des „Opting-Out", sondern es werden auch weniger spekta-kulär Schleichwege oder „escape routes" (Heritier 1999) verwendet, um der Vergemeinschaftung von Politiken zu entgehen, teilweise mit Billigung der Kommission oder der Autorität des Gerichtshofs (Tömmel 2008: 23).

Nach wie vor kommt somit dem prinzipiellen Motiv nationaler Regierungen, ihren Fortbestand zu sichern und auch „die staatliche Souveränität so weit wie möglich zu erhalten, eine eminente Bedeutung ... zu" (Tömmel 2008: 415). Nationale Entscheidungsträger versuchen damit „Veränderungen der Staat-lichkeit", also die „Penetration" des eigenen Systems möglichst weitgehend zu vermeiden. Dennoch ist der Vereinigungsprozess vorangekommen, aller-dings in den verschiedenen Politikfeldern nicht in gleicher Weise.

6.2   Politikfeldspezifische Betrachtung

Ende der 1990er Jahre galten die Bereiche Agrarpolitik sowie Umweltschutz als die am meisten vergemeinschafteten, die makroökonomische Beschäftigungspolitik bzw. die Steuerpolitik als die am geringsten (Scharpf 1999: 109). Dieser Befund wurde durch neuere Untersuchungen für die Umweltpolitik bestätigt. Der EU-Einfluss in der Umweltpolitik auf nationales Recht ist deutlich, z. B. beim Klimaschutz (Emissionshandel) und im Naturschutz. Diese Regelungen führen in den einzelnen Staaten zu Belastungen für Unternehmen. Dort, wo es nur Richtlinien gibt, eröffnen sie den Mitgliedstaaten Raum für die Umsetzung. Dies führte dazu, dass der Implementation größere Aufmerksamkeit geschenkt wurde (Lenschow/Reiter 2008: 166). Teils gab es Widerstand gegen einzelne umweltpolitische Verbesserungen, z. B. in Deutschland gegen die Richtlinie zur strategischen Umweltverträglichkeitsprüfung (UVP) (ebenda: 413). Jänicke führt die Implementationsprobleme im föderalen System Deutschlands darauf zurück, dass hier der Koordinationsaufwand besonders hoch ist und auch Kompetenzverflechtungen zwischen den verschiedenen Ebenen hinzukommen. Besondere Probleme ergeben sich dort, wo die Bundesebene nicht zuständig ist (Jänicke 2006: 413).

Die Rechtsakte in der Umweltpolitik fallen bindender aus als in der Sozialpolitik, die als „soft law" eingeschätzt werden (Bähr u. a. 2008: 112). Allerdings wird bei der Sozialpolitik auch vom „Vorrang der negativen Integration" gesprochen. Dennoch werden hier wichtige Schritte in Richtung Gemeinsamkeit konstatiert (Landfried 2002; zu einzelnen Politikfelder s. a. Tömmel 2000: 165ff.; Knill 2005: 190ff.). Schmidt u. a. nennen auch den Verbraucherschutz als einen bei der Integration fortgeschritten Bereich (Schmidt u. a. 2008: 275). In anderen Policies gibt es neue Formen der Zielübereinkünfte, die keine rechtliche Bindung nach sich ziehen, aber dennoch zu „gegenseitigem Lernen und Selbststeuerung" führen (ebenda: 275). Nachdrücklich wird immer wieder angemahnt, dass der seit 1993 vollendete Binnenmarkt (mit ungehindertem Verkehr von Waren, Personen, Dienstleistungen und Kapital) nicht nur leistungsfähigen Unternehmern dienen dürfe, sondern auch Verbrauchern und Arbeitnehmern Vorteile bringen müsste. Das Einstimmigkeitsgebot führte immer wieder dazu, „dass sozialpolitische Initiativen der Kommission blockiert wurden" (Leiber/Schäfer 2008: 121). Zum Beispiel betrieben die europäischen Arbeitgeber eine „Politik des leeren Stuhls" (ebenda: 122). Was bedeutet dieser Befund für die Qualität der Demokratie, die den Menschen gleichermaßen Gleichheit und Freiheit verheißt?

Insgesamt ist in den verschiedenen Politikfeldern eine große Variabilität der Governance-Kombinationen erkennbar (Benz 2008: 47). Gibt es in einzelnen Bereichen Ansätze für eine voranschreitende Demokratisierung, also eine stärkere Mitentscheidungsmöglichkeit für die direkt legitimierten Repräsentanten der Bevölkerung? Dort, wo in den Politikfeldern die Zielvorstellungen weit auseinander liegen, so dass allenfalls von einem Formelkompromiss gesprochen werden kann, wie beispielsweise in der Außenpolitik, ist die nationalstaatliche Dimension dominant und zumindest müssen die Repräsentanten der Exekutive um die Zustimmung der nationalen Parlamente intensiv ringen. Wo die Zahl der Akteure in einem Politikfeld unüberschaubar ist wie im Bereich der Finanzregulierung, sind Strukturen schwer erkennbar und eine (Mit-) Entscheidung des Europäischen Parlaments kann sich nur auf allgemeine Ziele erstrecken, z. B. auf die Forderung nach Bündelung von Zuständigkeiten in der Finanzmarktregulierung. Am weitesten ist die Vergemeinschaftung vorangeschritten in Politikfeldern, in denen sich diese durch die Hintertür vollzieht und damit auch ohne direkte Mitwirkung der gewählten Repräsentanten der Legislative sowohl der nationalen als auch der europäischen Ebene.

Die formalen Gegebenheiten für eine breite Mitentscheidung des Europäischen Parlaments sind gegeben. Am intensivsten und effektivsten scheint die Mitwirkung des Europäischen Parlaments dort zu sein, wo seine Rechte schon tradiert sind: bei der Entscheidung über Fonds und deren Einsatz. Dies betrifft insbesondere die unterschiedlichen Felder der Infrastrukturverbesserung. Schon immer hat das Europäische Parlament hier ein Entscheidungsrecht gehabt und die einzelnen Ebenen des Mehrebenensystems bringen sich zusätzlich (nicht nur durch die gewählten Repräsentanten) ebenfalls ein. In den anderen Politikfeldern müssen die ins Europäische Parlament entsandten nationalen Akteure die Relevanz der anstehenden Entscheidungen frühzeitig erkennen, um entsprechend im Entscheidungsprozess zu intervenieren. Gibt es im Implementationsprozess eine nachholende Möglichkeit der Mitsprache für die nationalen Repräsentanten oder ist der Anpassungsdruck so groß, dass er überwiegend durchschlagende Wirkung erzielt? Dies wurde letztlich bei den Entscheidungen zur Euro-Krisenbewältigung schmerzhaft empfunden. Hier konnten die nationalen Parlamente im Wesentlichen nur fertigen Strategien zustimmen. Auch in der Sicherheitspolitik haben intergouvernementale Verhandlungsergebnisse diese Wirkungen für nationale Legitimatoren.

Da die Politikbereiche kaum präzise abgegrenzt werden können, sind angrenzende Politikfelder häufig in zentralen Bereichen miterfasst. Dies ist zum Beispiel bei der Sozialpolitik der Fall, die zwangsläufig auch die Beschäftigungspolitik tangiert und zumindest in Teilgebieten einbeziehen muss. Das

Voranbringen des gemeinsamen Binnenmarktes tangiert auch die Umweltpolitik, die sich allerdings durch globale Beschlüsse, vor allem das Kyoto-Protokoll und die Globale Agenda 2010, als eigenes Politikfeld etablieren konnte und sich konkurrierend zur Vergemeinschaftung der Wirtschaftsentwicklung positionierte. Die aktuelle Krise verbunden mit hoher Jugendarbeitslosigkeit in den südlichen Krisenstaaten verlangt zwangsläufig eine Erweiterung der Wirtschaftspolitik um den Schwerpunkt Beschäftigungspolitik, wobei das Europäische Parlament stark engagiert ist. Die Einbeziehung weiterer Aufgaben in den Integrationsprozess entwickelt sich also teilweise durch bewusste Anstöße z. T. von außen, häufig aber auch inkremental. Insgesamt ist die Kompetenzentwicklung ungleichgewichtig. „Kompetenzlücken" sind „im Bereich der positiven Integration kreativ zu überbrücken" (Benz 2008: 47).

Die Wirkungen für die Demokratie in den einzelnen Mitgliedstaaten werden von den nationalen Akteuren in diesen unterschiedlich eingeschätzt. Dies ist auch dadurch bedingt, dass das Vertragsrecht nur allgemeine Bestimmungen enthält und selbst das Sekundärrecht, das durch vielfältige Kompromisse gekennzeichnet ist, in den Mitgliedstaaten unterschiedliche Interpretationsmöglichkeiten gestattet (Schmidt u. a. 2008: 280). Diejenigen Akteure in den Mitgliedstaaten, die Europa voranbringen wollen, werden hier anders gewichten als die Euroskeptiker.

Werden die einzelnen Politikfelder im Hinblick auf die Einflussnahme genauer betrachtet, so besteht darüber Konsens, dass nationale Politikoptionen durch die EU eingeschränkt werden. Zur Beendigung einer nationalen Politik kann es durch Regelbefolgung bei europäischen Politikverboten (z. B. für protektionistische oder diskriminierende Regelungen) kommen, sofern sich die nationalen Regierungen daran halten. Meist handelt es sich um hierarchische Entscheidungen der Kommission (Bauer/Knill 2008: 189f.). Auch das Angebot neuer finanzieller Ressourcen kann zur Beendigung nationaler Politik führen. Dies ist beispielweise in der regionalen Strukturpolitik der Fall. Die nationalen Akteure lassen sich mehr oder weniger gern darauf ein. Denn um an die bereitgestellten Fördermittel zu kommen, müssen sich die nationalen Akteure an den durch die EU gesetzten Prioritäten ausrichten. In Deutschland lässt sich eine starke Veränderung der Strukturförderung erkennen, z. B. der Gemeinschaftsaufgabe „regionale Wirtschaftsförderung". Aber die Ost-West Dimension zeichnete sich doch durch eine starke „Robustheit" aus, während in Italien ein Abbau der klassischen „Mezzogiorno Politik" zu verzeichnen ist (Bauer/Knill 2008: 193). In beiden Ländern werden allerdings Fördergebiete reduziert. Dies ist in Deutschland vor allem bei Landesfördergebieten der Fall.

In vielen Fällen erfolgt allerdings eine wechselseitige Anpassung zwischen EU und nationalen Regierungen. Das europäische Recht hat den Effekt, durch Erzeugung eines Wettbewerbs zwischen nationalen Regulierungssystemen Veränderungen nationaler Policies hervorzubringen (Bauer/Knill 2008: 194). Dabei werden nationale Akteure auf die Wettbewerbsfähigkeit der nationalen Industrie achten und u. U. eine Anpassung vornehmen, z. B. bei umwelt- oder sozialpolitischen Standards oder bei der Kapital- und Einkommensbesteuerung (ebenda: 195). Aber auch ein Verschieben der Entscheidungen kann die Folge sein, z. B. in der Steuerpolitik.

Einige Bedeutung kommt auch dem Verfahren der „gemeinschaftlichen Selbstbindung" zu, das auch letztlich dazu genutzt wird, um solche Entscheidungen im Nachhinein zu legitimieren (Falkner 2003: 489). Durch Selbstbindung wird ein Handlungsdruck bei Abweichungen in einzelnen Staaten erzeugt. Dieser Prozess (Adaptionsprozess) kommt besonders in Gang, wenn eine Vielzahl von Staaten bestimmte Instrumente bzw. Politikoptionen schon nutzen (Bauer/Knill 2008: 198). Der Rechtfertigungsdruck kann ein wichtiger Impuls für die Beendigung der nationalen Politik sein. Beispiele dafür sind die Einführung von New Public Management (NPM), die Einführung der Doppik, die Privatisierung ehemals öffentlicher Leistungen, die neuen Bachelor- und Masterstudiengänge, die Reduzierung von 13 auf 12 Jahre bis zum Abitur (Bauer/Knill 2008: 199). Insgesamt sind unter dem Einfluss der EU Beendigungsresultate von nationalen Politiken zu erkennen. Allerdings variieren sie stark je nach Implementationsmodus.

Den geringsten Einfluss haben offenbar Politikgebote, weil sie nur zur Ergänzung anregen. Sie zeichnen sich dadurch aus, dass nationale Handlungsoptionen im Rahmen spezieller Arrangements nicht ausgeschlossen sind. Dabei zeigt sich, dass versucht wird, an den bestehenden Regelungsmustern soweit wie möglich festzuhalten und „die europäischen Vorgaben zu absorbieren". (Bauer/Knill 2008: 190f.). Hinzu kommen dadurch, wie in der Umweltpolitik, zusätzliche Steuerungsinstrumente. Z. B. wird der Industrie eingeräumt, auf freiwilliger Basis ein Umweltschutzmanagement einzuführen, um der Öko-Audit-Verordnung zu genügen (ebenda: 191). Ein Ersatz bisheriger Instrumente scheint nur dann zu erfolgen, wenn sie mit den bestehenden Verwaltungstraditionen und Regulierungsmustern kompatibel sind (ebenda: 191). Da die EU-Vorgaben meist nur Minimalstandards formulieren, besteht keine Wahrscheinlichkeit für die Beseitigung nationaler Politikergebnisse (ebenda: 192).

Jedenfalls bleibt dadurch nationalen Parlamenten die Chance der Einflussnahme erhalten.

Für einzelne Politikfelder zeigt sich ein Auf- und Ab im Hinblick auf die Bedeutung der EU. Allerdings ergibt sich aus den bisherigen Forschungsergebnissen nicht, wie, wo und mit welchem Gewicht und Ergebnis die demokratisch legitimierten Akteure auf nationaler oder europäischer Ebene ihre unterschiedlichen Einwirkungsmöglichkeiten nutzen können und tatsächlich nutzen. Bisherige Aussagen sind nur erste Einschätzungen.

6.3 Wirkungen bei unterschiedlichen Ausgangsbedingungen

Der Einfluss auf die Mitgliedstaaten der EU ist auch deshalb verschieden zu
bewerten, weil die Staaten aus unterschiedlichen wirtschaftlichen, sozialen
und politischen Entwicklungsständen in den Vereinigungsprozess eingetreten
sind. Die einzelnen Entwicklungsphasen zeigen zudem große Variationen.
Generell war vor dem Hintergrund der Wirtschaftsentwicklung immer auch
die Stabilisierung der politischen Entwicklung im Blickpunkt. Dies trifft ganz
besonders für die südeuropäischen und osteuropäischen Mitgliedstaaten zu.
Aktuell ist zu unterscheiden zwischen den Staaten, die europäische Finanzhilfen (den Rettungsschirm) in Anspruch nehmen müssen, und solchen, die den
Finanzhilfefond absichern. Als Extrembeispiele lassen sich hier Deutschland
und Griechenland bezeichnen.

Bei langfristiger Betrachtung zeigt sich in Deutschland, dass durch ökonomische Entwicklungen, bestehende Verflechtungen und demographischen Wandel sich die Aufgabenfelder der Politik seit Bestehen der Bundesrepublik in
vielfältiger Weise verändert haben. Das wirtschaftliche Wachstum erlitt nach
der Wiederaufbauphase durch die Rezession 1966/67 einen ernsten Rück-
schlag. Seitdem ist nur noch ein abgeschwächtes Wachstum zu verzeichnen.
Die Arbeitslosigkeit wurde zu einer wichtigen Begleiterscheinung. Die Strategie „Wahlgeschenke statt Umverteilung" (Thränhardt 1986: 193) erwies sich
als nicht mehr tragfähig. Thränhardt kennzeichnet die Zeit nach 1974 als „Regieren gegen Krisen". Größere Verteilungskonflikte waren unvermeidbar
(Boeck 2004). Durch die Wiedervereinigung der beiden Teile Deutschlands
mussten Hilfen für Ost- durch Westdeutschland erfolgen, wobei die Staatsschulden erheblich gewachsen sind. Anfang des neuen Jahrhunderts wurden
erstmals die Auswirkungen der demographischen Entwicklung auf die sozia-

len Sicherungssysteme wahrgenommen. Dies zwang zum Handeln, zumal auch noch das Wirtschaftswachstum stagnierte. Nun sehen Teile der Bevölkerung mögliche Umverteilungsrisiken durch den Rettungsschirm in Europa, zumal die Wirtschaftsentwicklung im eigenen Land nicht mehr so positiv bewertet wird.

Geringeres Wachstum ist zwar in hochentwickelten Wirtschaften allgemein zu beobachten. In Deutschland muss aber dringend daran gearbeitet werden, dass die früheren Qualifikationsvorsprünge deutscher Arbeitskräfte nicht weiter schrumpfen und der Vorsprung bei technologisch-innovatorischen Leistungen nicht weiter abnimmt. Daneben sind die Grenzen der Umweltbelastbarkeit erkannt worden, was Hemmungen im Hinblick auf die Weiterentwicklung verschiedener Industriezweige nach sich ziehen kann. Die Energiewende von 2011 wird zudem erhöhte Energiekosten bescheren. Zusätzlich vollzieht sich ein Strukturwandel zur Dienstleistungsgesellschaft. Sterbende Branchen gilt es mit Erhaltungssubventionen zeitweise am Leben zu erhalten. Bei der Wirtschaft in der ehemaligen DDR besteht noch ein erheblicher Modernisierungsrückstand. Bisher konnten diese z. T. krisenhaften Entwicklungen alle gemeistert werden, ohne dass wesentliche Abstriche am Lebensstandard spürbar wurden. Die jüngsten Entscheidungen zur Bewältigung der aktuellen Finanzkrise haben bisher noch nicht fühlbar zu einer Einschränkung der finanziellen Entscheidungsfreiheit geführt. Dies könnte sich erst ändern, wenn die Schuldenbremse implementiert werden muss. Dann wären die Folgen der Entscheidungen im Rahmen der Finanzkrise unmittelbar erkennbar. Auch wenn die ergriffenen Maßnahmen sich nicht als geeignet erweisen würden, den Finanzmärkten wieder Vertrauen einzuflößen, wären das ernste Alarmzeichen, auf die zu reagieren wäre.

Trotz dieser Probleme steht Deutschland im europäischen Vergleich besser da als die anderen EU-Mitgliedsstaaten, vielleicht im Verein mit Schweden (Die Zeit vom 16.05.2012). Allerdings haben die Kernstaaten der EU erhebliche Einbrüche beim Wachstum zu verzeichnen: In den 1970er Jahren betrug es 3,2 Prozent, heute 1,2 Prozent (Joffe 2012). Dagegen weisen alle Krisenländer (außer Irland) hohe Leistungsbilanzdefizite auf, z. B. Griechenland 2009 rund 26 Prozent des Bruttoinlandsproduktes, 2011 fast 15 Prozent (Piller 2012). Spanien erwartet 2012 einen deutlicheren Rückgang des Bruttoinlandsprodukts als Italien, wo er mindestens 1,5 Prozent betragen wird (FAZ v. 22.05.2012). Die Rating-Agenturen stufen diese Länder nicht viel besser ein als Irland, Portugal, Zypern und Griechenland (Kaffsack 2012: 8, unter Bezug auf Moody's). Eine Verbesserung ihrer Wettbewerbsfähigkeit ist eine Aufgabe von Jahren. Die Länder werden noch jahrelang auf internationale Hilfen Kredite angewiesen sein. Die harten von der EU auferlegten Sparmaßnahmen sind von den Regierungen schwer durchzusetzen.

Dies gilt besonders für Griechenland. Die Konjunktur ist eingebrochen, u. a. weil Renten und Zahlungen an Staatsbedienstete gekürzt werden mussten. Seine Wirtschaft ist kaum wettbewerbsfähig, was auch an den viel zu hohen Arbeitskosten liegt. Zur Modernisierung der Wirtschaft fehlen inzwischen Mittel. Alle Krisenstaaten können sich kaum noch Kredite zu angemessenen Zinsen am Kapitalmarkt besorgen. Frankreich ist besonders stark von den Risiken, die von Griechenland ausgehen, bedroht, denn die französischen Banken haben mehr als die deutschen Kredite an griechische Unternehmen vergeben (FAZ v. 22.05.2012). Wie in Griechenland sind drastische Auswirkungen auch bereits bei anderen Krisenstaaten (z. B. Spanien) zu beobachten. Die Armut steigt und die Jugendarbeitslosigkeit ist das größte Problem.

Das kann zur Destabilisierung der Krisenstaaten führen. Die Bevölkerung ist nicht geneigt, die enormen Sparmaßnahmen hinzunehmen, die die Krisenkabinette (z. T. von Experten, wie in Griechenland und Italien) mit der EU ausgehandelt haben. Die Griechen externalisieren die Ursache für die prekäre Lage. Sie zeigen seit Jahren keine Bereitschaft zu Reformen (Martens 2012). Die etablierten Parteien tun sich schwer, der Bevölkerung diese zuzumuten, weil sie inzwischen echte Notlagen registrieren. Dies verschafft populistischen bzw. radikalen Parteien Wahlerfolge. Das jetzt eingesetzte Kontrollgremium zur Überwachung der Sparmaßnahmen wird in Griechenland als Okkupation angesehen. Beobachter fragen sich, wie wirksam dies überhaupt sein kann angesichts einer desolaten griechischen Verwaltung, die völlig aufgebläht unter Regierungen der unterschiedlichen Ausrichtung so schnell nicht reformiert werden kann. Schließlich betonen Zweifler, dass es die Griechen verstanden haben, über 100 Milliarden aus EU-Fördermitteln „versickern" zu lassen, ohne dass die entsprechenden Kontrollmechanismen in der Vergangenheit wirksam waren.

Weiterhin stellt sich die Frage, ob die auf Forderungen der EU zurückgehenden und von Experten beschlossenen Sparmaßnahmen nach den Wahlen und der Regierungsbildung noch Bestand haben werden. Auch mehren sich schon Zweifel – noch vor dem Inkrafttreten des ESM –, ob es sich bei einzelnen Staaten (insbesondere bei Griechenland) nicht um eine Verschleppung der Insolvenz handelt, die kaum durch die getroffenen Maßnahmen des Europäischen Rates abgewendet werden kann (s. auch Schümer 2012).

6.4   Reaktionen in den Mitgliedstaaten

Jedenfalls scheint die These angemessen, dass bei Entscheidungen in der EU über Jahre – aber auch in der aktuellen Krise – die Regierungschefs und einzelne Fachressortchefs als Vertreter der Mitgliedstaaten neben der Kommission an Bedeutung gewonnen haben. Allerdings zeigen die vielbeachteten neueren Fortschreibungen der Römischen Verträge, dass die nationalen Regierungen nach wie vor Herren des Verfahrens sind (Börzel 2008: 62). Sie holen sich in Europa zurück, was auf der nationalen Ebene an Entscheidungsmacht verlorengegangen ist. Dies ging zulasten nationaler Parlamente aller Ebenen. So kritisieren nationale Akteure in den Parlamenten, dass sie nicht angemessen berücksichtigt werden. Auflagen und Reformzwang, die durch Entscheidungen für Hilfszahlungen auf der europäischen Ebene verursacht sind, werden gern der Europapolitik und den dort agierenden einflussreichen Politikern angelastet und nicht eigenen Fehlern der Vergangenheit: insbesondere einer zu großzügigen Ausgabenpolitik. Es erfolgt also eine Externalisierung der Schuldzuweisungen. Da sich die Entscheidungsprozesse in der EU auf einzelne Politikfelder beziehen, müssten eigentlich die entsprechenden Fachpolitiker der Parlamente in den zuständigen Fachausschüssen eingeschaltet werden. Ob dies im Einzelnen in angemessenen Umfang geschieht, wurde allerdings noch nicht erforscht. Bisher kann davon ausgegangen werden, dass eher die jeweilige nationale Fachverwaltung im Entscheidungsprozess an Bedeutung gewonnen hat, z. B. in der Komitologie bzw. der OMK.

Zwar haben einzelne Mitgliedsländer auf den Bedeutungsverlust ihrer nationalen Parlamente reagiert. Dies hat in Deutschland schon zur frühzeitigen Einbindung des Bundesrates (im Zuge des Vertrags von Maastricht, Art. 23 GG) geführt und die Landesregierungen haben Europaminister eingesetzt, sonstigen Landesministern speziell die europaspezifischen Aufgaben zugeordnet und eine Dependance in Brüssel etabliert. Auch ist in Dänemark, Österreich und Finnland die Einbindung der nationalen Parlamente besser gelungen als in anderen EU Mitgliedstaaten. Kropp u. a. (2012: 111) sprechen sogar von „Vorzeigeländern". Bei den anderen Mitgliedsstaaten geschieht dies vergleichsweise rudimentär. „Es gilt als besonders scharfe Waffe des (nationalen, d. Verf.) Parlaments, wenn dieses das Abstimmungsverhalten der Regierung im Ministerrat einhegen kann, indem es ihr ein mehr oder weniger eng gefasstes Mandat erteilt" (ebenda: 113). In den bisherigen Forschungsergebnissen wird auch kaum deutlich, wie die Institutionalisierung von Europaausschüssen tatsächlich auf das Regierungshandeln einwirkt, d. h. ob die Abgeordneten ihre Einflussmöglichkeiten tatsächlich nutzen. So bleibt die These bestehen, dass die meisten Parlamente ihre Regierungen nur unvollständig überwachen können (ebenda: 115). Die meisten nationalen Verfahren wurden nur „inkrementell" (ebenda: 113f.) an die Europäisierung der Entscheidungen angepasst. Dies gilt auch für Großbritannien obwohl hier ganz besonders die Eingriffe in die Kompetenzen des Parlaments kritisiert werden. Die Schweiz hält Abstand von der europäischen Integration, da sie das Prinzip der „Volkssouveränität", das sich auch in den direktdemokratischen Entscheidungsmöglichkeiten auf den unterschiedlichen Ebenen ausdrückt, nicht gefährdet sehen will (s. d. Abromeit 2000: 70 f.). Dass die Politiker aller Parteien in Großbritannien sich mit dem Integrationsprozess schwer tun, ist daher kein Wunder. Eine Kompromisslinie war die Mitwirkung in einer Wirtschaftsgemeinschaft. In der Schweiz ist eine solche noch nicht gefunden. Vor allen Dingen wird die europäische Bürokratie und die Zentralisation durch die Schweizerische Volkspartei (SVP) kritisiert (Sitter/Batory 2008: 62). Aber Politiker, die für Europa werben, stoßen in der Schweiz eher auf Ablehnung durch die Bevölkerung.

7 Weiterentwicklung der EU: Demokratisierung als Pflichtprogramm

Als die Vereinigung der Europäischen Staaten aus der Taufe gehoben wurde, waren die Erfahrungen aus dem Zweiten Weltkrieg noch allgegenwärtig. Zunächst ging es um die Kontrolle Deutschlands in der Europäischen Gemeinschaft für Kohle und Stahl. Die langfristig größere Zielorientierung war aber das vereinigte Europa zur Absicherung gegen gewaltsame zwischenstaatliche Konflikte. Die deutsch-französische Versöhnung vor nunmehr 50 Jahren wurde mit Recht als Meilenstein im europäischen Einigungsprozess gewürdigt. Heute sind die negativen Erfahrungen aus der Entwicklungsgeschichte Europas verblasst, vor allem bei jungen Leuten. Damit fehlt eine gemeinsame Ausrichtung für Europa. Manchen Beteiligten geht es nur noch um die Vorteile eines gemeinsamen Wirtschaftsraums, der in der Globalisierung als unverzichtbar gesehen wird. Die Bürger hatten bisher von dieser Ausrichtung materielle Vorteile. Bisher konnte die Zustimmung für die EU vor allem durch ihren Output gesichert werden. Doch nun bemerken sie erstmals, dass die europäische Einigung auch Kosten verursacht, die möglicherweise den eigenen Geldbeutel belasten könnten. Die Solidarität unter der Bevölkerung verschiedener Mitgliedstaaten ist in Gefahr.

Dies Problem hat sich aber bereits seit längerer Zeit entwickelt. Seit dem Vertrag von Maastricht ist die Zustimmung der Bevölkerung zum Projekt Europa nicht mehr so leicht zu erlangen. Von einer „Europa-Euphorie" kann nicht mehr die Rede sein (zur aktuellen Entwicklung s. Eurobarometer-Umfragen). Die Zahl derjenigen, die kein Vertrauen in die EU haben, hat sich inzwischen jedenfalls stark erhöht (Petersen 2011: 5). Vielmehr sind mehr oder weniger tiefgreifende Krisen festzustellen. Längst hat die Skepsis nicht nur die Bevölkerung sondern auch politische Eliten (zuletzt vor allem in Polen, Irland und Tschechien) erfasst. Eine Bindung der Bevölkerung besteht mehr gegenüber ihrer Region und ihrem Nationalstaat als gegenüber der EU. Allerdings hat die Bindung an Europa in den 1990er Jahren und seit den

2000er Jahren zugenommen (Risse 2010: 41f.). Bei den Volksabstimmungen über den Verfassungsvertrag und den Vertrag von Lissabon erwies sich die Bevölkerung jedoch als Veto-Spieler und verursachte einen Reformstau. Erwartete Wohlstandsverluste sind die wesentliche Ursache für die Ablehnungen (Wagschal 2007: 41, 56, 66).

Die Skepsis gegenüber Europa bricht sich vor allem beim Urteil über die Bewältigung der aktuellen Staatsschuldenkrise Bahn, die immer häufiger als Rettung der Banken und Versicherungen angesehen wird. Insbesondere die Vergemeinschaftung von Schulden halten die Bürger für eine große Gefahr. Eine Transferunion oder Haftungsunion ist reichlich unbeliebt: Etwa 40 Prozent der Bürger lehnen die finanzielle Solidarität ab (Risse 2012: 142). Sie ist aber durch die Beschlüsse der EU-Gipfel in den letzten zweieinhalb Jahren immer stärker fortgeschritten. Es wird bezweifelt, ob die verschärften Reformauflagen und die beabsichtigte Verbesserung der Aufsichtsmaßnahmen hier gegensteuern können, da die Regeln großzügig ausgelegt werden (vgl. Mussler 2012). Bei direktdemokratischen Entscheidungsverfahren hätten Populisten eine Chance, diese Schwachstelle zu nutzen. Der Souveränitätsverlust wird nicht ohne Murren hingenommen. Beim „bürokratischen Monster" EU werden Mitbestimmungsmöglichkeiten angemahnt. Dabei war Europa immer ein Projekt der Eliten. Sie müssen sich über die Ziele verständigen, gleichzeitig der Bevölkerung aber auch ihr Vorgehen erklären und dafür werben, dass das Projekt Europa in einer globalisierten Welt unverzichtbar ist. Ist eine Demokratisierung der Entscheidungsprozesse als Weg geeignet, die Bevölkerung wieder mehr für das Projekt Europa zu gewinnen?

7.1   Gefahren: Euroskeptizismus

Für den Willen zur Demokratisierung spielt natürlich auch eine Rolle, wie die einzelnen nationalen Akteure (politische Eliten und Meinungsführer in der Gesellschaft) insgesamt zu Europa stehen. Ihre europäische Ausrichtung ist keinesfalls homogen. Nationalstaatliche Einflüsse, z. B. nationale Symbole sowie historische und kulturelle Erfahrungen, sind von Bedeutung (Risse 2010: 85). Aber auch sich verändernde politische Orientierungen in den Regierungen spielen eine Rolle, so dass sich die Politik gegenüber Europa ändert. Die europäischen Zielrichtungen lassen sich auf einem Kontinuum verorten, das von generell ablehnend mit der Drohung des Austritts einerseits bis zum Ziel einer Verlangsamung des Prozesses andererseits reicht (Szcerbiak/ Taggart 2008: 2). Szcerbiak und Taggart unterscheiden daher zwischen hartem und weichem Skeptizismus (ebenda: 3). Im Einzelnen können darunter verschiedene Dimensionen zusammengefasst werden: Ablehnung von mehr Mitgliedern (Erweiterung), Ablehnung von mehr Entscheidungsfähigkeit über weitere Aufgaben (Vertiefung). Die Ablehnung kann sich allerdings auch auf die EU in ihren gewachsenen Strukturen und Entscheidungsmustern beziehen und einer Befürwortung einer institutionellen Weiterentwicklung, die darauf gerichtet ist, gleichzeitig die demokratischen Strukturen und Abläufe und die Effizienz zu verbessern. Von letzterer Zielrichtung ist hier auszugehen, ohne die anderen dabei aus dem Auge zu verlieren.

Dabei kann für Großbritannien eindeutig festgestellt werden, dass eine weitere Vertiefung sehr skeptisch gesehen wird. Auf keinen Fall wollen die britischen Entscheidungsträger jedweder politischen Richtung den Finanzplatz London gefährden, auf den die Wirtschaft des Landes (wegen unterentwickelter Realwirtschaft) vor allem (mit zehn Prozent des BIP) angewiesen ist. Einer weiteren Vertiefung der wirtschaftlichen Zusammenarbeit allein der Euro-Länder stehen die Briten allerdings nicht im Wege. Sie befürworten geradezu eine fiskalische Union und verweisen auf die Beispiele USA und Großbritannien mit einem einheitlichen Währungsgebiet (FAZ v. 16.06.2012). Vor allem haben die Briten Vorbehalte gegenüber einer politischen Union. Dies gilt ganz besonders für die Konservativen, die – wie bereits erwähnt – die Parlamentssouveränität in Gefahr sehen. Angesichts einer beabsichtigten Kompetenz-Überprüfung, d. h. einer neuen Kompetenzverteilung zwischen EU und Großbritannien, verweisen sie auf das demokratische Defizit der EU (FAZ v. 13.07.2012). Zugeständnisse, wie sie die Labour Party vor Regierungsübernahme angekündigt hatte (Wahlrechtsänderung und Vorantreiben der Devolution) werden von den Konservativen nur sehr zurückhaltend (mit Rücksicht auf den jetzigen Koalitionspartner, die Liberalen) (Donnelly 2012: 33) verfolgt. Damit folgen sie bewusst oder instinktiv den Forschungsergebnissen einzelner Autoren (z. B. Lees), dass Föderalismus und Verhältniswahlsysteme günstiger sind für den Aufstieg von Parteien, die europaskeptisch sind.

Denn in Großbritannien kann durch das dort angewendete Mehrheitswahlrecht die antieuropäische Skepsis noch weiterhin im Zaum gehalten werden. Aber alarmierend ist, dass die Wahlbeteiligung bei den Kommunalwahlen im Frühjahr nur 32 Prozent betrug und die antieuropäische Unabhängigkeitspartei (UKIP) weiteren Zulauf erhalten hat (FAZ v. 05.05.2012). Das Verhältniswahlrecht würde einer Konkurrenzpartei der Konservativen auch auf der gesamtstaatlichen Ebene in den Sattel helfen, die auf europäischer Ebene bereits die antieuropäische Haltung viel radikaler vertritt als die Konservativen es tun. In der aktuellen Krise fordern Teile der konservativen Partei sogar den

Austritt aus der EU, übersehen dabei allerdings, welche Vorteile sie für ihre Handelsbeziehungen (die Hälfte aller britischen Exporte geht in die EU) aufgeben müssten (Jungclausen 2012). Nun müssen die Konservativen befürchten, dass die UKIP diese bisherigen Wähler der Konservativen für sich gewinnen kann und einen möglichen Wahlsieg der Konservativen dadurch unmöglich macht, denn Premierminister Cameron hat sich sehr der pro-europäischen Linie der Liberalen angenähert (The Economist: Bagehot: The UKIP insurgency, 9. Juni 2012: 36).

In Deutschland denkt zwar niemand an den Austritt aus der EU. Allerdings versuchen die Freien Wähler in Bayern, unter Ablehnung der Hilfsmaßnahmen für notleidende Euro-Mitgliedstaaten Wähler zu gewinnen (FAZ v. 18.06.2012; 06.07.2012), die dann eher der CSU und CDU abhanden kommen werden. Aber manche versprechen sich von diesem Anlauf bereits eine Debatte über Deutschlands Austritt aus der Euro-Zone (FAZ v. 20.06.2012; Michels 2012). Als Alternative zur Krisenpolitik wird die Einführung von „Parallelwährungen"[12] zur Rettung des Euro vorgeschlagen. Auch bei den Franzosen

---

12 Hier ist eine Parallelwährung für Griechenland eine häufiger vorgetragene Strategie. Dabei soll Griechenland ermöglicht werden, nach wie vor der Euro-Zone anzugehören, allerdings soll die Wettbewerbsfähigkeit der Wirtschaft durch die abgewertete Parallelwährung mittel- und langfristig gesichert werden. Verwiesen wird auf die positiven Wirkungen dieser Vorgehensweise in Argentinien ab 2001. Aber auch hier gab es Vorbilder. So wird auf das Auseinanderbrechen des Währungsraumes der Habsburger Monarchie nach dem ersten Weltkrieg verwiesen, wo in den ehemaligen Teilstaaten nach wie vor die alte Währung existent blieb und neue Währungen parallel dazu eingeführt wurden. Auch in den ehemaligen Nachfolgestaaten der Sowjetunion existierte die alte Währung fort. Weiterhin gilt in vielen Staaten Asiens mit schwachen Währungen der Dollar ebenfalls als Zahlungsmittel. Die Parallelwährung in Argentinien wurde durch die von der öffentliche Hand in einzelnen Landesteilen (Provinzen) ausgegebenen Schuldscheine eingeführt (The Economist 2001): die staatlichen Stellen bezahlten also ihre Forderungen damit. Der Bevölkerung dienten diese im Inland als paralleles Zahlungsmittel für die normale Lebensführung. Dabei wurde allerdings eine drastische Einbuße der Kaufkraft durch diese Zahlungsmittel in Kauf genommen. Dies wurde von der Bevölkerung nicht ohne weiteres hingenommen, sondern es kam zu massiven Unruhen. Für die Wirtschaft hatte die Zweitwährung Unsicherheiten zur Folge, die Investoren zunächst abschreckten (ebenda). Die Frage bleibt, ob mit den drastisch abgewerteten neuen parallelen Zahlungsmitteln (Geuro, New Drachme) die Konkurrenzfähigkeit Griechenlands erhöht werden kann und ob die griechische Bevölkerung diese drastische Maßnahme akzeptieren wird. Beides bleibt eher unwahrscheinlich. Durch die Parallelwährung wären bei halbierter Kaufkraft noch stärkere soziale Verwerfungen die Folge. Ob das die Regierung unter so großen Druck setzen kann, dass sie Strukturmaßnahmen voranbringt – das erwarten zumindest die Befürworter der Parallelwährung (Meyer 2011) – darf bezweifelt werden. Zunächst wird auch mit einer Welle von Insolvenzen bei Wirtschaftsunternehmen gerechnet (The Economist v. 16.02.2012). Griechenland scheint für Investoren keineswegs attraktiv: die bürokratische Bearbeitung wirkt abstoßend, gut ausgebildete Arbeitskräfte fehlen und die Arbeitsproduktivität in vorhandenen Unternehmen war die niedrigste in der EU (vor der Osterweiterung). Griechenland hat das niedrigste Wachstum des BIP in der

kämpft deren konservative UMP (die früheren Gaullisten) zuweilen um einen europafreundlichen Konsens (Risse 2010: 71ff.).

Dies ist auch bei einzelnen Mitgliedstaaten aus Mitteleuropa der Fall, denn dem konservativen Spektrum angehörende Führungspersönlichkeiten haben sich bereits häufiger offen skeptisch gegenüber der EU ausgesprochen. Dabei spielt auch die Abneigung gegenüber Einflüssen der USA bei manchen Europaskeptikern eine Rolle, z. B. beim Tschechischen Präsidenten Klaus (Henderson 2008: 117). Andere sind nur Pragmatiker, die gern die finanziellen Fördermittel der EU mitnehmen, ihr ansonsten aber distanziert gegenüberstehen, z. B. mitteleuropäische Agrarparteien (Szczerbiak/Taggeart 2008: 12f. unter Bezug auf Sitter/Batory 2008). Ein Beispiel dazu findet sich in Polen. Die europaskeptische Haltung Polens wird inzwischen allerdings nur noch durch die verkleinerte Kaczynski-Partei (PiS) im Europaparlament vertreten, die nicht mehr Regierungspartei ist. Die rechtskonservative Regierung in Ungarn von Ministerpräsident Orban gibt sich in öffentlichen Äußerungen europafreundlich, weil Ungarn dringend Hilfskredite der EU und des Internationalen Währungsfonds braucht. Zum Jahreswechsel 2010/2011 hatte Ungarn allerdings mit dem Mediengesetz für Aufregung gesorgt, Ende 2011 erst recht mit der neuen Verfassung, die zum Jahresanfang 2012 in Kraft trat. Hiermit wurde nicht nur die Freiheit der Medienberichterstattung sondern auch die Unabhängigkeit des Verfassungsgerichts und der Notenbank (auf Druck der EU inzwischen wieder zurückgenommen) eingeschränkt. So wird das Verhalten Orbans als „Drahtseilakt" oder auch „Husarenritt" bewertet (Seiser 2012). Für einen kleinen Mitgliedstaat mag die Zugehörigkeit zur EU auch mit einem Anstieg des internationalen Status verbunden sein.

Die populistischen Parteien aus dem rechten Spektrum sind als Abgeordnete im Europäischen Parlament zahlenmäßig gering vertreten. Allerdings sind sie auf einzelstaatlicher Ebene für die Weiterentwicklung Europas zu beachten. Dort spielen diese Parteien bisher eine weit größere Rolle (s.o.). Für die etablierten Volksparteien sind sie wegen der Abspaltung von radikaleren Teilen der jeweiligen Partei eine latente Gefahr. Weiterhin müssen populistischen Parteien bereits häufig als Dulder einer Minderheitsregierung oder gar als Mitglied einer nationalen Regierung akzeptiert werden, wobei hier insbesondere die Rechtspopulisten in Skandinavien und den Niederlanden, Belgien

---

EU (eurostat pressemitteilung euro indikatoren 119/2012 – 14.08.2012 (http://epp.eurostat.ec.europa.eu/cache/ITL_Public/2-140 (20.08.2012). Die Folgen für den Euro-Raum wären zunächst enorme Verluste der EZB und der Zentralbanken. Allerdings würde durch die Parallelwährung – so die Erwartungen – verhindert, dass eine Kettenreaktion entsteht, die weitere Austritte aus dem Euro-Raum nach sich ziehen könnte.

und Österreich zu beachten sind. Auch als starke Opposition wie in Finnland sind sie eine Herausforderung.[13]

Generell macht die Vertretung von Rechtspopulisten im Parlament die Regierungsbildung und das Regieren in den EU-Ländern mit Vielparteiensystemen schwieriger und damit die Entscheidungsfindung langwieriger. Die vielfältigen Mitwirkungsmöglichkeiten in der sich ausbreitenden E-Demokratie scheinen stattdessen den Prozess beschleunigen zu müssen (Korte 2012). Auch wenn Rechtspopulisten von der Regierungsbildung auf der nationalen Ebene ausgeschlossen werden können, tragen sie zumindest dazu bei, dass die Regierungen auf sie Rücksicht nehmen müssen. So waren lange Zeit in Dänemark, bis zu den Wahlen im September 2012 in den Niederlanden und weiterhin in Schweden Minderheitsregierungen auf die Duldung durch rechtspopulistische Parteien angewiesen. In Dänemark zeigten sich die Auswirkungen deutlich in der Wiedereinführung von stärkeren Grenzkontrollen, die mit dem Schengen-Abkommen nicht vereinbar waren.[14] Nun haben die Innenminister im Mai 2012 beschlossen, den Mitgliedstaaten bei bestimmten Situationen (übermäßige Flüchtlingsströme) zu gestatten, die Grenzen vorübergehend schließen zu können. Dies wird natürlich mit Sicherheitsbedürfnissen begründet und von denjenigen, die den europäischen Einigungsprozess voranbringen wollen, stark kritisiert (Pöttering 2012: 2). Der „Arabische Frühling" und die dadurch ausgelösten Flüchtlingsströme in die EU hatten bereits ein Schlaglicht auf die Umsetzung der Asyl- und Einwanderungspolitik (Haase/Jugl 2012) in den EU-Mitgliedsstaaten geworfen, die unter dem Einfluss der Rechtspopulisten der latenten Ausländerfeindlichkeit in den EU-Staaten geschuldet war. Beunruhigend ist, dass sich inzwischen „osterweiterungsbedingt" bereits 45 Prozent der EU-Bürger nur mit ihrem Nationalstaat identifizieren (Müller-Brandeck-Bocquet 2012: 136).

Bei der Erweiterung dürfte bei den Rechtspopulisten ein latentes Misstrauen gegenüber osteuropäischen Nachbarn vor allem aus wirtschaftlichen Erwägungen (billige Arbeitskräfte) die Ablehnung verursachen. Ganz auszuschließen ist aber vor allem, dass unter dem Einfluss von rechtspopulistischen Parteien jemals Staaten mit überwiegend muslimischer Bevölkerung in der EU willkommen sein würden.

---

[13]   Als einziges Geberland im Gegenzug zu seiner Beteiligung an den Hilfskrediten für Griechenland und Spanien hat Finnland Wertpapiere als Garantien verlangt und erhalten (FAZ v. 18.08.2012).

[14]   Die seit 2011 amtierende neue Regierung unter sozialdemokratischer Führung ist nicht mehr auf die Rechtspopulisten angewiesen und hat diese wieder außer Kraft gesetzt und strebt eine stärkere Einbindung in Europa an (FAZ vom 14.01.12).

Genauso ablehnend wird die Übertragung von mehr Kompetenzen an die EU beurteilt. Denn die Rechtspopulisten haben eine nationalstaatliche Orientierung, sehen den Nationalstaat als geeignete politische Organisationsform an und lehnen damit die weitere Vergemeinschaftung von Einzelpolitiken in Europa ab oder stehen ihr zumindest äußerst skeptisch gegenüber (De Vries/Edwards 2009: 5f., 9, 22)[15]. Allenfalls wäre eine lockere Zusammenarbeit der EU-Mitglieder als Staatengemeinschaft für solche Parteien denkbar, keinesfalls aber eine politische Union. Ob es wirklich gelingen kann, die jetzt noch Nationalstaatsorientierten, Europa aber nicht grundsätzlich Ablehnenden auf ein anderes, demokratischeres Europa auszurichten, bleibt fraglich.

Zwar stimmten 2011 in einer Umfrage des Europäischen Parlaments „immerhin 54 % der Deutschen, 52 % der Franzosen, sogar 65 % der Niederländer, aber nur 45 % der Briten der Aussage zu, in Krisenzeiten müsse das eigene Land anderen EU-Mitgliedsstaaten finanziell beistehen, die in ökonomische Schwierigkeiten geraten seien" (Risse 2012: 141). Auch sind die Europäer/innen mit Mehrheit der Auffassung, dass die Krise nur auf EU-Ebene gelöst werden könne und nicht von der nationalen Politik (ebenda). Allerdings scheitert eine gemeinsame Finanzpolitik, die angesichts der Krise 2011/12 Vielen notwendig erscheint, schon an der Vorstellung, dass Lasten, die von anderen EU-Mitgliedsstaaten verursacht wurden, der Gemeinschaft der Staaten anheimfallen könnten (ebenda). Ein Opting-Out einzelner Staaten würde unter dem Einfluss rechtspopulistischer Parteien wahrscheinlicher.

Allerdings konnten bisher einzelne nationale Regierungen ihren Teil dazu beitragen, dass die Rechtspopulisten in ihrer Bedeutung geschwächt wurden. Diejenigen, die nationale Parlamentsmandate erringen, werden, wenn die Mehrheitsverhältnisse im Parlament es nahelegen, eher nur zähneknirschend als koalitionsfähig angesehen, wie in Österreich die FPÖ. In Belgien, wo der Konflikt der Regionen mit jeweils selbständigen Parteien die Regierungsbildung ohnehin erschwert, konnte nach über einjährigen Verhandlungen erst im Herbst 2011 eine Einigung erzielt werden. Ausgerechnet der Rechtspopulist de Wever, dem die Koalitionäre nicht noch mehr Stimmen zutreiben wollten, scheint die Regierungsbildung möglich gemacht zu haben (FAZ v. 10.10.11).

Eine ähnliche Gefahr für die Weiterentwicklung Europas haben Referenden (Lees) bzw. direktdemokratische Entscheidungen. Die Erfahrungen zeigen

---

[15] So hieß es in Haiders Wahlprogramm „Österreich zuerst"; der FN propagierte „Vorrang der Franzosen bei der Vergabe der Arbeit" (Kempf 2010: 386), der Schweizer Blocher war maßgeblich daran beteiligt, dass in einer Volksabstimmung 1992 in der Schweiz der Beitritt zum Europäischen Wirtschaftsraum verhindert wurde (FAZ vom 11.10.10).

bisher im Zeitablauf starke Veränderungen in den Einschätzungen zum Projekt Europa. So stimmten die Österreicher 1994 zwar dem Beitritt noch mit Zwei-drittelmehrheit zu, nach einigen Jahren war diese Zustimmung aber auf ein Drittel gesunken (Dauerstädt 2000: 1, 3).

Der Vertrag von Maastricht war nach dem Willen der Mitgliedstaaten als eine „neue Stufe bei der Verwirklichung einer immer engeren Union der Völker Europas" gedacht (Müller 2011: 10). Die Dänen lehnten die Vereinbarung aber zunächst ab (Binzer Hobolt 2006: 641f.) und stimmten ihm erst 1993 zu, als der modifizierte Vertrag ihnen Ausnahmen bei der Sicherheits- und Rechtspolitik einräumte (Dauerstädt 2000: 2). Durch das Opting-Out haben sich Dänen (2000) und Schweden (2003) gegen die Mitgliedschaft im Euro-Raum entschieden. Die Ablehnung des Vertrages von Nizza durch die Iren (2001), die „seinerzeit auch den Beitritt der zehn neuen Mitgliedsländer im Jahre 2004 zu gefährden drohte" (ebenda) und die Ablehnung des Verfas-sungsvertrages durch die Franzosen (2005) und die Niederländer (2005) sind weitere wichtige Signale. Direktdemokratische Entscheidungen haben das Fortschreiten des europäischen Einigungsprozesses auf jeden Fall verlang-samt. Es ist zu erwarten, dass eine Transferunion eher durch direktdemokrati-sche Mitwirkung der Bürger abgelehnt wird, weil diese durch die Solidarität mit Schuldenstaaten Wohlstandsverluste befürchten. Auch hier würden Popu-listen diese Skepsis zu Europa gern nutzen, zumal in einer Krise. Die direkt-demokratischen Entscheidungen, die bisher in den Mitgliedstaaten stattgefun-den haben, könnten Warnung sein.

Die jüngeren Beispiele direktdemokratischer Abstimmungen über den Verfas-sungsvertrag in Frankreich und den Niederlanden bestärken die Einschätzung, dass die Bevölkerung – entgegen der breiten Zustimmung der wichtigsten Parteien in den Ländern – ihrer Skepsis gegenüber Europa auch dann Aus-druck verleiht, wenn es darum gehen soll, die Forderung nach Demokratisie-rung voranzutreiben. So könnten direktdemokratische Entscheidungen eine Fortentwicklung der Europäischen Union eher gefährden. Dies haben nationa-le politische Akteure zuweilen aus (populistischen?) Erwägungen nicht beach-tet oder vielleicht sogar als strategisches Instrument einsetzen wollen, um Verantwortung abzuwälzen. Dies ist z. B. bei der Labour Party zu vermuten, die geneigt war, dieses Instrument für grundlegende Entscheidungen – auch zu Europa – einzuführen. Der Rechtspopulist Wilders erhob vor kurzem diese Forderung. Auch der CSU-Ministerpräsident Seehofer hat angesichts der aktuellen Krise der EU eine direkte Entscheidung der Bevölkerung angeregt.

Nun wird seit dem Lissabon-Vertrag und der Festsetzung der Modalitäten durch die EU die Bürgerinitiative ins Blickfeld gerückt. Dafür müssen grenzüberschreitend in einem Viertel der Mitgliedstaaten eine Million Unterschriften gesammelt werden (anteilig müsste Deutschland 72000 Unterschriften einbringen), damit sich die EU-Organe mit der Eingabe befassen. Dagegen haben schon häufiger Regierungen von Mitgliedsländern überlegt, wie sie Referenden verhindern konnten, um den Vergemeinschaftungsprozess nicht zu gefährden. Die nationalen Interessen spielen zwar in den aktuellen Debatten zur Finanzkrise eine Rolle. Sie überlagern aber nicht das grundsätzliche Verhalten der meisten verantwortlichen Politiker der repräsentativen Systeme in den Mitgliedsstaaten. So hat Bundeskanzler Kohl 1991 im Bundestag ausdrücklich betont, dass zu einer Wirtschafts- und Währungsunion selbstverständlich auch die Politische Union gehört (Issing 2012). Steinbrück warnt davor, die gemeinsame Währung allein mit einer rein ökonomischen Rationalität und Fixierung auf Zahlungsbilanz- und Staatsdefizite zu erfassen. Denn der Integration Europas verdanke Deutschland eine „historisch beispiellose Phase der Sicherheit". Eine Politik der europäischen „Mitverantwortung und damit verbundenen Verpflichtungen" liege „in vielerlei Hinsicht" in unserem nationalen Interesse (Steinbrück 2012). Der hohe Wert des europäischen Einigungsprozesses und auch des Euro-Raumes für den Frieden und die Wirtschaftsentwicklung wird also von den politischen Eliten nicht in Frage gestellt. Insgesamt haben die nationalen Parlamente der Weiterentwicklung der EU viel eher zugestimmt als die Bevölkerung in unterschiedlichen nationalen Volksabstimmungen.

Generell sind allerdings die Mitglieder nationaler Parlamente euroskeptischer als die des Europäischen Parlaments, darunter besonders diejenigen in kleinen Ländern (Katz 2008, S. 159)[16]. Solche aus den weit rechts angesiedelten konservativen Parteien und die Rechtsradikalen sind am euroskeptischsten. Allerdings werden sie aktuell noch durch die griechischen Linkspopulisten (Vereinigte Sozialistische Front) übertroffen. Die geringe Parteibindung in Mitteleuropa hat aber zur Folge, dass die Wähler sich sehr schnell wieder von populistischen Parteien abwenden, wenn Fehlverhalten ihrer Führungspersönlichkeiten oder gar Skandale die Parteien um ihre Glaubwürdigkeit bringen. So versanken in Polen die Rechtspopulisten des östlichen Teils Polens durch die Wahl 2007 wieder in der Bedeutungslosigkeit.

Die Fluktuationen in den mitteleuropäischen Parteiensystemen haben dazu beigetragen, dass die Einschätzung ihrer europaskeptischen Haltung für die

---

16 Aufgrund der „Political Representation in Europe's study" von 1996, in der 314 Mitglieder des EP interviewt wurden und von 11 nationalen Parlamenten aufgrund einer schriftlichen Befragung, ebenda, S. 152f.

etablierten Parteien in Europa Schwierigkeiten bereitet. Insofern wirft ihre Einbindung in Fraktionen des Europäischen Parlaments Probleme auf. Bei diesen mitteleuropäischen Parteien sind zudem die spezifischen Vorstellungen auch noch recht unterschiedlich. Da die Zahl ihrer Sitze im Europäischen Parlament gering ist, mussten sie auch Zusammenschlüsse mit anderen Parteien eingehen, die andere Vorstellungen für die europäische Integration hatten. Das führte dazu, dass sie ihren Zielvorstellungen dort wenig Resonanz verleihen konnten. Zudem beschäftigt sich das Europäische Parlament eher mit Einzelpolitiken als mit der Weiterentwicklung des Europäischen Integrationsprozesses.

7.2   Europäische Parteien und Alternativen

Die europäischen Parteien wären für die Weiterentwicklung der europäischen Demokratie von erheblicher Bedeutung. Sie müssten viel mehr als bisher öffentlichkeitswirksam die unterschiedlichen Standpunkte vertreten. Leider finden sie allerdings bisher in den Medien nur eine geringe Beachtung. Europa kommt „im Wesentlichen in den anspruchsvollen Printmedien" vor, dagegen ist Europa als Politikarena „im breitenwirksamen Fernsehen kaum existent" und wird selbst in den „Printmedien vor allem als Europa der interexekutiven Kooperation dargestellt" (Neyer 2012: 138). Die europäischen Parteien fanden erst im Vertrag von Maastricht 1992 Eingang in das europäische Primärrecht (Zotti 2011: 77), es dauerte dann noch bis 2004 bis ein Rechtsakt zur Finanzierung der Parteien beschlossen wurde. Allerdings kann von europäischen Parteien kaum gesprochen werden, wenn ihre Funktionen mit nationalstaatlichen Parteien verglichen werden. Denn im Hinblick auf die Wahlen zum Europäischen Parlament erfüllen die nationalen Parteien die wichtigsten Aufgaben, z. B. die Kandidatenaufstellung und die Wahlkampfführung. Die Forderung, dass die Europäischen Parteien die Kandidatenaufstellung vornehmen müssten (Katz 2008: 177) ist also mehr als berechtigt. Auch ein einheitliches Wahlrecht und gleiche Wahltage für die Europawahlen wären sicher hilfreich, um die Bedeutung der Europawahlen zu stärken und sie aus ihrer Rolle als Nebenwahlen herauszuholen.

Debatten über Europäische Politik fanden über Jahre in nationalen Parteien nur am Rande statt. Dies galt bisher auch für nationale Wahlkämpfe. Das mag in der Zukunft als Folge der Krise anders sein, wie die Beispiele Frankreich und Niederlande anlässlich der Wahlen 2012 schon deutlich machten. Hier zeigten sich auch deutlich unterschiedliche Schwerpunkte in der Europapolitik zwischen den konkurrierenden Parteien. Allerdings müssen überzogene Erwartungen an europäische Parteien, wie sie bei Umfragen von Parlamentariern als wünschenswerte Ziele geäußert wurden, im Hinblick auf eine positivere Europaorientierung kritisch gewürdigt werden. Dies gilt z. B. für eine direkte Mitgliedschaft der Bürger in europäischen Parteien parallel zu der in nationalen Parteien. Woher sollte der Anreiz dafür kommen? Folge von Medienberichterstattung und Diskussionen in den Parteien ist, dass die Bevölkerung bisher zu wenig über Europa informiert ist. Dies wiederum führt dazu, dass auch die Wahlbeteiligung bei Europawahlen sehr niedrig ausfällt – selbst unter Wahlberechtigten, die sonst wählen gehen. Dadurch entstehen wiederum Probleme für die Legitimation der EU (Schmitt/van der Eijk 2008: 232).

Da Parteien insgesamt in der Kritik stehen, weil sie sich nicht ausreichend als Verbindungsglieder zwischen Bevölkerung und Entscheidungsträgern bewähren und somit die Bevölkerung nicht ausreichend vertreten, werden Alternativen zur Parteiendemokratie diskutiert. Viele Politikwissenschaftler knüpfen bei der Demokratisierung hohe Erwartungen an die Einbindung von zivilgesellschaftlichen Organisationen in die EU-Gesetzgebungsverfahren. Sie sehen darin eine Form der partizipativen Demokratie, die immer auch als Kritik an der Parteiendemokratie daherkommt. Kohler-Koch und Christine Quittkat „kommen zu einem ernüchternden Ergebnis: Die Praxis zivilgesellschaftlicher Beteiligung in der EU vergrößert nach ihrer Analyse zwar die Vielfalt der in europäische Entscheidungsprozesse eingebrachten Positionen, gewährleistet aber keine verlässliche Rückbindung von EU-Entscheidungen an den Willen der Bürgerinnen und Bürger" (Hurrelmann 2012: 158f.). Wie alle Verbände müssen auch die in Europa aktiven den Spagat zwischen Professionalisierung, Mitgliederbeteiligung und Wirken in die Öffentlichkeit schaffen (Kohler-Koch/Buth 2011: 207). Bei Online-Konsultationen, Expertenseminaren, Politikforen und dergleichen liegt nach den beiden Autorinnen eher eine „Verbandskonsultation" vor. Weiterhin gibt es sowohl territoriale als auch interessenspezifische Ungleichgewichte in der Verbändebeteiligung. Die Analysen zeigen auch Probleme bei der verbandsinternen Kommunikation über europäische Themen auf, so dass von einer Artikulation des Bürgerwillens keine Rede sein könne (Hurrelmann 2012: 159). Damit tragen die Verbände und NGOs auch kaum dazu bei, die Öffentlichkeit über Konsultationen mit der EU zu informieren. Jedenfalls sind die Informationen nicht geeignet, über die Inhalte eine breite Diskussion in der Öffentlichkeit anzuregen (Altides 2011: 223f.).

Die Mitwirkung zivilgesellschaftlicher Organisationen kann repräsentative Verfahren keinesfalls ersetzen. Hierfür sind nach wie vor die Parteien die zentralen Akteure. Sie müssten sich aber als europäische Parteien organisieren und der Öffentlichkeit klare Vorstellungen über die Weiterentwicklung und damit auch Demokratisierung der EU präsentieren. Insgesamt wird es vor allem darauf ankommen, dass die etablierten Parteien die von den Rechtspopulisten herausgestellten Anliegen ernst nehmen und die Bürger auf Lösungen verweisen können, die die Populisten ins Leere laufen lassen.

Bei welchen Bevölkerungsgruppen können Populisten das öffentlichkeitswirksam vorgetragene Unbehagen mit den herrschenden Verhältnissen schüren? Jedenfalls haben es Rechtspopulisten heute leichter als in vergangenen Jahrzehnten Wähler zu gewinnen, weil die Bedeutung der Parteiidentifikation für das Wählerverhalten in etlichen Ländern, darunter auch Deutschland, in den vergangenen Jahrzehnten zurückgegangen ist (Schmitt-Beck 2012: 9).

Betz hat bereits vor Jahrzehnten betont, dass die soziale Basis der Rechtspopulisten „interklassisch" ist, d. h. dass sie alle sozialen Klassen und Schichten anzusprechen vermögen (Betz 1991: 3–14). Zunächst gehören dazu die Wahlberechtigten, die sich aufgrund der wirtschaftlichen Entwicklung verunsichert fühlen oder die tatsächlich zu den Modernisierungs- und Globalisierungsverlierern zählen. Waren es früher die städtischen und ländlichen Kleingewerbetreibenden, so gelang es der österreichischen FPÖ durch ihre Wandlungsfähigkeit, zusätzlich Ungelernte und Facharbeiter für sich zu gewinnen. Dies sind auch die Wählerpotentiale für die Dänische Volkspartei und für den französischen Front National (von Randow 2010: 9). Bei den Modernisierungsverlierern ist zwar der sozioökonomische Status ein wesentlicher Indikator für die Neigung, Rechtspopulisten zu wählen, aber nicht die Niedrigqualifizierung als solche (Spier 2010: 262). Vielmehr spielt das Zurückbleiben hinter den Erwartungen eine wichtige Rolle (ebenda: 263). Auch diejenigen, die sich sozial ausgeschlossenen fühlen (ebenda: 266) sind rechtsaffin. Es kommen also zu materiellen Problemen subjektive Empfindungen hinzu, die insgesamt eine Unzufriedenheit erzeugen. Nicht die Einkommensärmsten sondern diejenigen, die etwas zu verlieren haben, bilden das Potential für Rechtspopulisten (ebenda: 264). Die Schwedendemokraten konnten offenbar in das Wählerpotential der Sozialdemokraten eindringen. Die bisher vom Wohlfahrtsstaat Profitierenden wurden möglicherweise durch verschiedene Reformen zu ihren Lasten verunsichert. Diese haben auch zu einer Ausländerfeindlichkeit beigetragen (The Economist v. 18.09.2010: 13f., 33f.).

Populisten setzen offenbar mit Erfolg bei den finanziellen Problemen und Belastungen des Einzelnen an, wobei egoistische Erwägungen wachgerufen werden. Damit können Populisten auch nach wie vor den selbständigen und unselbständigen Mittelstand erreichen. Populisten machen sich dabei auch Moden in der öffentlichen Debatte zunutze, erkennbar an der Diskussion über die Rolle des Staates. So ist seit längerer Zeit die Überforderung des Staates (Abbau des keynesianischen Interventionsstaates) ein Thema und der Ruf nach einem schlanken Staat aktuell, in dem der Wettbewerb eine zentrale Rolle spielen soll. Die dänische Fortschrittspartei unter Glistrup zielte in diese Richtung zu hoher individueller Belastung durch Steuern und Abgaben. Europa wird auch wegen seiner Bürokratie gescholten.

Von anderen Gruppen werden Transfers innerhalb des Staates problematisiert. Hier geht es um die von reicheren Landesteilen zu ärmeren: der Vlaams Bloc, später Vlaams Belang in Belgien hatte seinen Ursprung in der reichen Stadt Antwerpen (Flandern) oder die Lega Nord in den reichen Städten Oberitaliens (Tarchi 2002: 128). Nun könnte sich dieser Konflikt als Nord-Süd-Konflikt in der EU verstärken.

7.3 Neugestaltung der Institutionenstruktur

Der bisherige Integrationsprozess (also die Verwirklichung eines gemeinsamen Marktes) durch die Eliten war deshalb möglich, weil für die Bevölkerung die Vorteile unmittelbar erkennbar wurden. Die Prozesse demokratischer Mitwirkung waren dabei eher zweitrangig. Wie bereits dargestellt ist das inzwischen entstandene Mehrebenensystem ein Verflechtungs- und Verhandlungssystem, das sich je nach Politikfeld anders gestaltet. Die sich dabei herausbildenden spezifischen Netzwerke sind für die Bürger nicht durchschaubar. Ein Heer von Lobbyisten[17] ist in diesen Netzwerken als Einflussnehmer tätig. Der von Habermas aus theoretischer Perspektive vorausgesagte Prozess einer Deliberation, der darauf abzielt, öffentliche Kommunikationsforen zu schaffen, in denen intersubjektive Verständigung unter Inklusion und Öffentlichkeit erfolgen kann, scheint aber eher Wunschvorstellung zu sein. Dominant sind Expertenausschüsse, Internetforen, die vor allem von NGOs genutzt werden, und informelle Kommunikations- und Beratungsgremien. Eine europäische Öffentlichkeit fehlt und breite Mitwirkung wird nicht angeregt. Insgesamt scheinen die empirischen Befunde eine post-parlamentarische Perspektive von Demokratie zu vermitteln (vgl. Bieling 2011: 111–114, 118).

Bei der Neugestaltung der institutionellen Arrangements dürfen die demokratischen Grundwerte nicht verlorengehen, mehr noch, sie müssen wieder besser im Entscheidungsprozess zur Wirkung kommen. Das bedeutet für die jetzigen

---

[17] Lobbycontrol schätzt für Brüssel allein 15000: Das Heer der Lobbyisten in: FAZ v. 04.12 2010.

Entscheidungsprozesse in der EU, dass die Zurechenbarkeit von Verantwortung deutlich erkennbar und die Mitbestimmung direkt legitimierter Akteure stärker gegeben sein muss. Dann könnte eine begründete Hoffnung sein, dass die EU auf mehr Akzeptanz in der Bevölkerung trifft. Bisher hat die schleichende Fortentwicklung nicht zu diesem Ergebnis geführt. Dies liegt auch daran, dass die unterschiedlichen Akteure ihre eigenen Vorstellungen zur Reform haben. Die Suche nach Konzepten für die Weiterentwicklung der EU fällt ziemlich unbefriedigend aus.

Es wurde bereits erwähnt, dass die Skeptiker unter den westeuropäischen Ländern nach wie vor nicht bereit sind, der Euro-Zone beizutreten. Eine Vertiefung stößt auf erhebliche Vorbehalte, sogar in den Gründungsstaaten der EWG. Seit dem Beschluss des Europäischen Rates vom 9. Dezember 2011 ist klar, dass Großbritannien bei seinem strikten Nein zur Vertiefung der EU bleibt (Issing 2012). Dagegen hat sich der polnische Außenminister Ende 2011 sogar dafür ausgesprochen, eine Föderation anzustreben und er wurde durch seinen Regierungschef dabei unterstützt (FAZ v. 03.12.2011). Die kleineren mitteleuropäischen Länder befürchten, dass durch weitere Beitritte ihre Repräsentation in den EU-Institutionen geschmälert wird. Sie stehen damit einer Erweiterung eher skeptisch gegenüber, so jedenfalls die Aussagen von Parlamentsmitgliedern aus diesen Ländern (Katz 2008: 159). Die Vision eines Bundesstaates, der eine geeignete Institutionenstruktur für eine Politische Union bieten würde, scheint unter Politikern überhaupt nicht diskussionsfähig zu sein, weil sie annehmen, dass ohnehin diese Perspektive von der Mehrheit der Mitgliedstaaten und ihrer Bevölkerung abgelehnt wird.[18] Dies hat der Wahlkampf 2012 in den Niederlanden wieder gezeigt (Ross 2012).

So gibt es zwar die Zielvorstellung Politische Union, aber keine konkreten Vorstellungen für deren Ausgestaltung, obwohl dafür im Vertrag von Lissabon (2007) ein Impuls gegeben wurde. Er enthält in Artikel 48 die Möglichkeit, dass jeder Mitgliedstaat, das Europäische Parlament oder die Kommission dem Rat Entwürfe zur Änderung der Verträge vorlegen kann, die dann dem Europäischen Rat übermittelt und den nationalen Parlamenten zur Kenntnis gebracht werden. Bei Zustimmung des Europäischen Rates beruft der Präsident des Europäischen Rates einen Konvent von Vertretern der nationalen Parlamente, der Staats- und Regierungschefs der Mitgliedstaaten, des Europäischen Parlaments und der Kommission ein. Bei kleineren Änderungsvorschlägen kann der Europäische Rat auch eine Regierungskonferenz vorschla-

---

[18]   Dies ergab auch eine aktuelle jährliche Umfrage des German Marshall Funds „Transatlantic Trends" (FAZ v. 15.09.2012).

gen. Beschlüsse müssen in jedem Mitgliedstaat nach den jeweiligen verfassungsmäßigen Vorschriften ratifiziert werden (http://www.consilium.europa.eu/treaty-of-lisbon.aspx?lang=de) (Stand 24.02.2012).

Bisher stehen einzelne Reformvorschläge führender Repräsentanten der EU mehr oder weniger konkurrierend nebeneinander. Ob die Vorschlagenden auch die Aufwertung demokratischer Verfahrensweisen im Blick haben, bleibt eher nebulös. Allenfalls wird mit den Vorschlägen auf die formal-demokratische Außenwirkung gezielt, z. B. durch die Direktwahl eines hohen Repräsentanten der EU oder durch Einführung direktdemokratischer Entscheidungen der Bevölkerung mit hohen Hürden, die allerdings als Zwischenschritte die Probleme kaum bearbeiten können. Angesichts der Krisenbewältigung geht es vielen Akteuren (z. B. der Kommission) eher um mehr Effizienz. Dabei werden bei den bisher getroffenen Entscheidungen auch Grenzen überschritten, die de facto eine Politische Union voranbringen. Dies gilt für die anstehende Vergemeinschaftung von Schuldenaufnahme und Schuldenhaftung. Der Präsident der Europäischen Zentralbank plädiert für eine Ergänzung der Währungsunion durch eine „gemeinsame Finanzarchitektur". Auch der sozialistische Staatspräsident Frankreichs fordert finanzielle Solidarität unter Euro-Staaten und findet dabei Unterstützung des Ministerpräsidenten Italiens und des Kommissionspräsidenten (FAZ v. 16.06.2012). Dagegen denkt die deutsche Kanzlerin zunächst an einen weitreichenden Souveränitätstransfer nach Brüssel in Haushaltsfragen (ebenda). Aktuell gibt es in Deutschland aber auch Initiativen, die in Richtung Vertiefung und damit einer Politischen Union arbeiten sollen. Zehn Außenminister sprachen sich für eine Verlagerung von mehr Aufgaben nach Brüssel aus. Obwohl die Zielvorstellungen sehr wenig konkret sind, könnte das doch bedeuten, dass durch die Hintertür ein Schritt in Richtung Bundesstaat getan wird. Der Kommissionspräsident wird da schon deutlicher (The Economist v. 15.09.2012), indem er Schritte in diese Richtung für unausweichlich hält und sie auch aufzeigt (FAZ v. 13.09.2012). Er findet dabei Unterstützung des Präsidenten des Europäischen Rates und der Euro-Gruppe. Da es dafür bislang keine formale Grundlage gibt, z. B. eine Verfassung für den Bundesstaat Europa, ist es dringend an der Zeit, die Debatte darüber aufzunehmen und diese Ziele vor der Bevölkerung offensiv zu vertreten, damit die Demokratie in Europa nicht noch mehr Schaden nimmt. Eine Volksabstimmung wäre nach intensiven öffentlichen Diskussionen über den Wert Europas darüber unabdingbar.

Als Ergebnis der bisherigen fallweisen Entscheidungen musste hingenommen werden, dass die Mitgliedstaaten, in denen die Vereinigung mit dem europäischen Projekt eine Festigung der demokratischen Strukturen bringen sollte, (vorübergehend) von Experten regiert werden, die dafür keinerlei demokratische Legitimation haben (Griechenland und Italien) und von Bürokraten beaufsichtigt werden, denen diese Legitimation sehr indirekt durch den Europäischen Rat zugesprochen wurde. Diese Phase wird zwar als vorübergehend angesehen. Die Griechen haben bei Wahlen im Frühjahr und Frühsommer 2012 ein neues Parlament gewählt, dessen Zusammensetzung deutlich auf eine Abstrafung der bisher dominanten Parteien hinweist, die diese Mechanismen gebilligt hatten.

Bisher haben vor allem die Exekutiven die Vergemeinschaftung vorangebracht. Die europäischen und nationalen Parlamentarier haben sich allerdings im Hinblick auf die Demokratisierung sehr wohl zu Wort gemeldet. Ihre Forderungen vom Ende der 1990er Jahre wurden inzwischen zum Teil bereits umgesetzt. Dies gilt zum Beispiel für nationale Europaminister. Manche Vorschläge eignen sich allerdings wenig zur Umsetzung, weil sie arbeitsmäßig kaum bewältigbar und in der Öffentlichkeit schwer zu vermitteln sind. Dies gilt z. B. für den Vorschlag, dass Doppelmandate, also die gleichzeitige Mitgliedschaft im Europäischen Parlament und im nationalen Parlament zur besseren Vernetzung von nationaler und europäischer Politik anzustreben wären. Weiterhin wurde eine stärkere Zusammenarbeit des Europäischen Parlaments und der nationalen Parlamente in gemeinsamen Ausschüssen für richtig gehalten. Die Einführung der Wahlpflicht zum Europäischen Parlament ist eine Forderung, die höchst kritisch diskutiert wird. Die meisten Mitgliedstaaten haben sie für die nationale Ebene abgeschafft, weil die Administration Probleme mit sich bringt. Den Vorschlag, dass die Kandidaten für das Europäische Parlament von europäischen Parteien aufgestellt werden sollen und nicht von nationalen Parteien haben inzwischen die deutschen Sozialdemokraten als Ziel aufgegriffen. Sie streben sogar an, erstmals mit den anderen Mitgliedsparteien ihrer Fraktion im Europäischen Parlament mit einem gemeinsamen Programm anzutreten. Dann bleibt allerdings die Frage, ob solche Dokumente im Wahlkampf überhaupt wirksam werden.

Im Hinblick auf Debatten im Ministerrat forderten die Parlamentarier intensivere öffentliche Diskussion darüber. Dass das Europäische Parlament mit dem gleichen Wahlrecht gewählt werden soll, findet schon breitere Resonanz. Schließlich wünschen sich vor allem die besonders euroskeptischen Parlamentarier, dass die Kommission durch das Europäische Parlament und nicht durch die Regierungen gewählt werden solle (Katz 2008: 176). Diese Aussagen bewertend kommt Katz (2008: 179) zu der Einschätzung, dass die Parlamentarier die Bekämpfung des Skeptizismus gegenüber Europa vor allem Dingen durch die Veränderung der Institutionenstruktur bearbeiten wollen, die das politische System stärker demokratisiert.

Die Reformüberlegungen der Kommission gehen klar in Richtung Vertiefung, ansetzend bei der Wirtschafts- und Währungsunion mit dem Ziel einer Wirtschaftsregierung. Ob diese Vorstellung mit der deutschen Kanzlerin übereinstimmt, ist die Frage. Frau Merkel stellt sich keine „Regierung" im üblichen Sinne vor, sondern die Schaffung neuer Gremien und Zuständigkeiten innerhalb der EU-Strukturen, um die „wirtschaftspolitische Steuerung" im EU-Raum zu verbessern (Busse 2011: 10). Gedacht ist an einen Euro-Gipfel der 17 Staats- und Regierungschefs und eine ständige Unterarbeitsgruppe (vermutlich rekrutiert aus den nationalen Finanzministerien). An der Spitze soll ein Vollzeitvorsitzender mit Sitz in Brüssel stehen (ebenda). Aufgabe dieser Unterarbeitsgruppe würde es sein unter Mitwirkung der Kommission und der EZB die Treffen der Euro-Gipfel vorzubereiten. Die Präsidentschaft soll durch Van Rompuy übernommen werden, um damit den Kontakt zum Europäischen Rat sicherzustellen. Damit – so befürchten Nicht-Euro-Staaten – würden sie von der Willensbildung dort ausgeschaltet, wo Beschlüsse gefasst werden, die auf den gesamten Binnenmarkt Auswirkungen haben (s. a. FAZ v. 21.01.2012). Die polnischen Politiker verlangen daher schon vorsorglich Mitwirkungsrechte der Nicht-Euro Mitgliedstaaten ohne Stimmrecht.

Ein Reformvorschlag kam Anfang März 2012 auch von einem einzelnen Kommissionsmitglied, der Vizepräsidentin der EU-Kommission Reding. Nach ihrer Vorstellung sollen die europäischen Parteien bis zur Wahl des Europäischen Parlaments 2014 jeweils einen Personalvorschlag für eine Art Kanzlerkandidaten machen (Hefty 2012). Dieser Vorschlag würde zugleich als Kommissionspräsident und Präsident des Europäischen Rates zur Wahl stehen. Diese Zielrichtung wird auch vom Kommissionspräsidenten Barroso unterstützt (FAZ, Sonntagszeitung v. 16.09.2012). Weiterhin soll die Kommission durch das Europäische Parlament gewählt werden. Auch ein Auflösungsrecht des Europäischen Parlaments durch den Präsidenten wurde von ihr erwogen. Hier stand wohl eher das parlamentarische System Pate. Dies entspricht auch in etwa den Vorstellungen der Parlamentarier im Europäischen Parlament, deren Parteifamilien mit gemeinsamen Spitzenkandidaten bei den Wahlen zum Europäischen Parlament 2014 auftreten wollen, die dann auch gleichzeitig Kandidaten für die Kommissionspräsidentschaft sein sollen (Frankenberger 2012; Busse 2012). Die Suche nach Spitzenkandidaten, die in möglichst vielen der 27 EU-Staaten von den Wählern akzeptiert werden können, wird schwierig werden (ebenda). Daher ist der Vorschlag, nur eine bestimmte Zahl von Europaabgeordneten über EU-weite gemeinsame Wahllisten wählen zu lassen (Zotti 2011: 81), möglicherweise realistischer.

Bei der Direktwahl eines direkt gewählten Repräsentanten für Europa setzt der deutsche Finanzminister Schäuble an. Der soll als Präsident die Kommission als Regierung leiten. Die Kontrolle müsse durch ein echtes Zweikammerparlament erfolgen.[19] Die EU würde sich danach zum Präsidentiellen System amerikanischer Prägung entwickeln. Die Kommission solle verkleinert werden, so dass nicht mehr alle Mitgliedstaaten ein Mitglied entsenden könnten. Vor dem Hintergrund der aktuellen Finanzkrise plädiert er für die Übertragung von mehr Kompetenzen an die EU. Dies sei allerdings nur durch eine neue Verfassung möglich (FAZ v. 25.06.2012; s. a. Stabenow 2012). Zur Legitimation befürwortet er eine Volksabstimmung.

Im Hinblick auf das Europäische Parlament spricht sich auch Schäuble für die Anwendung des gleichen Wahlrechts zu dessen Wahl in allen Mitgliedstaaten aus. Diese Forderung ist vielleicht noch am ehesten umzusetzen, allerdings würde dabei auch die Debatte über den angemessenen Anspruch auf Sitze im Europäischen Parlament entfacht. Die Anpassung der Wettbewerbsbedingungen ist für die Parteientwicklung in Europa über die nationalen Grenzen hinaus wichtig. Allerdings muss ein Wettbewerbssystem für die Wahl des Europäischen Parlaments gewählt werden, das nicht die extreme Fragmentierung der Parteienlandschaft noch befördert. Eine Abschaffung der Fünf-Prozent-Klausel wie in Deutschland wäre damit keine Lösung.

Seit 2006 sind die nationalen Vertreter in sieben mehr oder weniger heterogenen Fraktionen des Europäischen Parlaments zusammengeschlossen: die Fraktion der Europäischen Volkspartei (EVP Christdemokraten[20]), die Fraktion der Progressiven Allianz der Sozialisten und Demokraten (S&D), die Fraktion der Allianz der Liberalen und Demokraten für Europa (ALDE), die Fraktion Die Grünen/Europäische Freie Allianz (Grüne/EFA), die Europäischen Konservativen und Reformisten (ECR) und die Konföderale Fraktion der Vereinigten Europäischen Linken/Nordische Grüne Linke (GUE/NGL) (ausführlich: Oppelland 2006: 459ff.). Innerhalb der Fraktionen gibt es aber durchaus unterschiedliche Zielvorstellungen, denn trotz dieser Formierung wird noch immer

---

[19] Solinger Tageblatt v. 14.05.2012: Schäuble angesichts der Karlspreis-Verleihung.

[20] Genauer EVD-ED, von der sich allerdings inzwischen die „Fraktion der Europäischen Konservativen und Reformisten" (EKR) abspaltete, u. a. mit der Partei „Recht und Gerechtigkeit" (PiS).

die nationale Orientierung der europäischen Repräsentanten beklagt[21]. Bis die europäischen Parteien ihre Aufgabe erfüllen werden – sie sollen laut Artikel 191 EG-Vertrag die Integration stärken – ist es noch ein weiter Weg.

Neben diesen schon recht etablierten Fraktionen gibt es im rechten Spektrum weniger Stabilität. Dies liegt vor allem an den rechtspopulistischen Parteien. Die gegenseitigen Abneigungen untereinander und vor allem gegenüber rechtsradikalen Abgeordneten verhindern bislang eine gemeinsame Fraktionsbildung und Europäisierung (Schulz, in: Schellenberg 2010: 2f.). Übernationale Übereinkünfte dieser Parteien erweisen sich als schwierig. Einflussreicher könnten sie im Europäischen Parlament aber nur werden, wenn sie in der Lage wären, eine gemeinsame Fraktion zu bilden. So hat es 2007 die ultrarechte Fraktion „Identität, Tradition, und Souveränität" (ITS) gegeben. In der Fraktion „Union for Europe of the Nations" (UEN) arbeiteten bis 2009 demokratische Konservative mit Rechtsextremen zusammen. Nationalkonservative und Rechtsextreme sind jetzt in der Fraktion „Europa der Freiheit und der Demokratie" (EFD) versammelt. Die Fraktion ist sehr fragil. Die Allianz für das Europa der Nationen (AEN) umfasst euroskeptische Abgeordnete, die sich aber auf verschiedene Fraktionen verteilen (Dehling 2010).

Schwierigkeiten eine Fraktion zu bilden, sind auch durch die formalen Regeln gegeben. Die Geschäftsordnung des Europäischen Parlaments sieht vor, dass jeder Fraktion Mitglieder angehören, „die in mindestens einem Viertel der Mitgliedstaaten gewählt wurden. Zur Bildung einer Fraktion bedarf es mindestens 25 Mitglieder." (Geschäftsordnung 2011). Günstig ist auch, dass die rechtspopulistischen Parteien zuweilen auf nationaler Ebene miteinander konkurrieren (z. B. in Polen), nur in wenigen Mitgliedsstaaten der EU durchgängig Mandate auf nationaler Ebene gewinnen können (im Gegensatz zu Belgien, den Niederlanden, Dänemark, Österreich und Italien) und von Wahl zu Wahl recht unterschiedliche Zustimmung erfahren (wie in Polen).

---

[21] Ausführlicher zur Heterogenität der Orientierung der vier wesentlichen Fraktionen (Johansson 2002; Ladrech 2002; Dietz 2002).

Tabelle: Ergebnisse der Wahlen zum Europäischen Parlament 1979–2009[22]

	SEP/ S&D	EVP- ED	ELDR ALDE	Grüne EFA/ FEA	Verein. Europ. Linke/ Sonstige Linke	U/D Europa- skep- tische	UEN Rechte/ EFD	Andere	FL	Insg.
1979	122	116	40	0	48			97	11	434
	28,1 %	26,7 %	9,2 %		11,1 %			22,4 %	2,5 %	
1984	165	115	44	20	48			124	2	518
	31,9 %	22,2 %	8,5 %	3,9 %	9,2 %			24,0 %	0,4 %	
1989	180	122	49	29	56			73	9	518
	34,7 %	23,6 %	9,5 %	5,6 %	10,8 %			14, %	1,8 %	
1994	214	181	43	28	33			95	32	626
	34,2 %	28,9 %	6,8 %	4,5 %	5,3 %			15,2 %	5,1 %	
1999	175	232	52	45	49			42	31	626
	28,0 %	37,0 %	8,3 %	7,2 %	7,8 %			6,7 %	5,0 %	
2004	201	266	89	42	41			62	29	732
	27,4 %	36,2 %	12,8 %	5,7 %	5,6 %			8,5 %	4,0 %	
2009	184	265	84	55	35	54	32		27	736
	25,0 %	36,1 %	11,4 %	7,5 %	4,8 %	7,3 %	4,3 %		3,7 %	

Eine akute Gefahr für die Demokratisierung Europas könnte entstehen, wenn sich die bisher eher anonymen Netzwerke zu einer sichtbaren Bewegung gegen Europa vereinigen würden[23]. Allerdings ist ein zur Zusammenführung der Bestrebungen befähigter Populist von der Statur eines erfolgreichen Politikers in einzelnen Staaten der EU bisher noch nicht in die Öffentlichkeit getreten und „der tendenzielle Rückgang der positiven Meinungen zu den Vorteilen der EU-Mitgliedschaft" hat sich nicht weiter fortgesetzt[24].

---

[22]   Daten aus Wessels 2010:967,Tabelle 1;
www.europarl.europa.eu/parliament/archive/elections2… (Stand: 03.01.11).

[23]   Neben dieser Gefahr von rechts müssen auch die neuen Parteien der Linken als weitere Restriktionen beachtet werden, denn auch sie stehen Europa eher skeptisch gegenüber, allerdings „on the basis of economic insecurity arguments" (De Vries/Edwards 2009: 22).

[24]   Standard-Eurobarometer 75: Die öffentliche Meinung in der Europäischen Union, Frühjahr 2011: 38 (http://ec.europa.eu/public_opinion/archives (Stand: 26.01.12).

8   Ergebnis und Ausblick

Der Vertrag von Lissabon sollte einen deutlichen Schub in Richtung demokratisches und transparenteres Europa erbringen, in dem das Europäische Parlament und die nationalen Parlamente eine größere Rolle spielen. Manche Wissenschaftler sehen bereits eine Gleichberechtigung des Europäischen Parlaments und des Rates (Weidenfeld 2012). Auch die nationalen Parlamente sollten mehr einbezogen werden, so dass die EU nur aktiv werden kann, wenn auf dieser Ebene bessere Ergebnisse erwartet werden. Es geht also um die Einhaltung des „Subsidiaritätsprinzips". Weiterhin soll der Entscheidungsprozess dadurch effizienter werden, dass Entscheidungen mit qualifizierter Mehrheit auf neue Politikbereiche ausgedehnt werden. Diese Regeln[25] treten aber erst 2014 in Kraft. Die Handlungsfähigkeit der EU wurde auch durch die Einbindung der Charta der Grundrechte im Hinblick auf die Bereiche Freiheit, Sicherheit und Recht verbessert. Solidarische Hilfe wird bei Verbrechens- und Terrorismusbekämpfung und humanitären Hilfen zugesichert. Auch die Bürger sollen durch die Bürgerinitiative ein stärkeres Mitspracherecht erhalten. Als Global Player will die EU mit einer Stimme sprechen können. Dafür wurde der Hohe Vertreter der Europäischen Union für Außen- und Sicherheitspolitik zuständig (http:europa.eu/lisbon_treaty/glance/index_de.htm, Stand: 24.02.2012).

Es sollte also wirklich vorangehen mit der „Nachrüstung" der Demokratie in Europa. Allerdings ist vieles nur Wunschvorstellung. Nach wie vor haben die europäische Bürokratie und die nationalen wichtigsten Entscheidungsträger (einige Staats- und Regierungschefs) die wesentlichsten europäischen Weichenstellungen in der Hand. Die Fortschritte zur Demokratisierung sind klein und eher als inkremental zu bezeichnen.

Der kritische Beobachter ist geneigt, nach wie vor zu konstatieren, dass die Finanzmärkte die demokratisch gewählten nationalen Regierungen vor sich hertreiben. Eine Einhegung des Kapitalismus ist bisher in keiner Weise gelun-

---

[25]   Nach doppelter Mehrheit von Mitgliedstaaten und Bevölkerung berechnet: „Eine doppelte Mehrheit ist dann erreicht, wenn 55 % der Mitgliedstaaten, die gemeinsam 65 % der europäischen Bevölkerung auf sich vereinen, zustimmen."

gen, obwohl manche Bemühungen in diese Richtung gehen, z. B. mit der Finanztransaktionssteuer. Die demokratischen Strukturen in einzelnen Mitgliedstaaten zeigen Probleme. Ungarn fällt seit geraumer Zeit dadurch auf, dass es Grundregeln der Demokratie (Pressefreiheit, Unabhängigkeit der Justiz) verletzt. Dies gilt neuerdings auch für Rumänien. Andere Beitrittsländer zeigen sich sehr fragil, weil ihre Parteiensysteme keine strukturelle Kontinuität aufweisen. Europafreundliche Regierungen werden abgewählt, z. B. in Griechenland, Spanien und Frankreich, möglicherweise auch in den Niederlanden. In Finnland hat die Regierung mit den Euroskeptikern, den „Wahren Finnen", zu kämpfen (FAZ v. 01.02.2012). Gleichzeitig wird mehr Europa angesichts der Krise gefordert (so jüngst der Bundespräsident bei seinem Antrittsbesuch in Brüssel). Das kann nicht bedeuten, dass ein Weiterwursteln bei Verlust demokratischer Verantwortung hingenommen werden kann. Es gilt Szenarien zu entwickeln, die einerseits eine Chance auf Realisierung haben, andererseits sich bereits als demokratische Strukturen bewährt haben, die eine gewünschte Politische Union akzeptabel macht. Dabei ist eine intensivere Kommunikation zwischen den europafreundlichen Eliten und der breiten Bevölkerung unabdingbar. Dies gilt vor allem für eine Auseinandersetzung mit latent europafeindlichen Bevölkerungsteilen.

8.1   Parteien europäisieren

Dafür, dass das Europäische Parlament seine Rolle als Vertretung der europäischen Bevölkerung bislang nur unzureichend erfüllt, werden vor allem die Parteien, die mehr oder weniger nur zu ihren nationalen Kontexten rückbezogen sind, verantwortlich gemacht. Allerdings scheint an einer Parteiendemokratie kein Weg vorbeizugehen. Denn die Erwartungen, die viele Wissenschaftler als Impuls für Demokratisierung der EU von der Aktivierung der Zivilgesellschaft und der Einbindung ihrer Organisationen in politische Prozesse erhofften, haben sich eher nicht erfüllt (Kohler-Koch 2011: 7, 8, 20). Zwar zeigt die Analyse von Kohler-Koch, dass „die Spannweite unterschiedlicher gesellschaftlicher Positionen präsent ist" (Kohler-Koch 2011: 12). Aber die Meinungsvielfalt ist dank unterschiedlicher Ressourcenausstattung mit einem Übergewicht der Argumente einzelner Akteure verbunden: es dominieren die etablierten Interessenverbände (Quittkat 2011: 122f.). Kritiker behaupten, dass dabei die etablierten Wirtschaftsinteressen dominant sind (Haller 2009). Die Kommission hält sich zwar zugute, dass sie die Europäisierung der Verbände vorangetrieben hat (Kohler-Koch/Buth 2011: 169). Das demokratische Grundprinzip ist allerdings das der Gleichheit. Bisher konnte auch durch Einbindung dieser Organisationen keine intensivere Rückbindung an die Zivilgesellschaft erreicht werden, denn nationale Verbände (viele von ihnen sind nicht in einem europaweiten Verband organisiert (Kohler-Koch 2011: 265)) tragen wenig zur Publizität der europäischen Politik bei. Umfang und Qualität der Mitteilungen sind nicht auf die Bedürfnisse des Bürgers zugeschnitten (Kohler-Koch 2011, S. 260). So müssen die innovativen Ansätze zivilgesellschaftlicher Beteiligung durch alle Arten von NGOs zur partizipativen Demokratie voranzuschreiten, zunächst als gescheitert angesehen werden. Pateman konstatiert, dass auch die vielfältigen neuen Beteiligungsformen nicht zu einer Demokratisierung der Gesellschaft beitragen (Pateman 2012: 14).

So wendet sich der Blick wieder zurück auf das Wirken der Parteien. Sie sind allerdings auf der nationalen Ebene besonders unter Druck, denn sie müssen sich mit der latent vorhandenen europaskeptischen bis europafeindlichen Stimmung auseinandersetzen, die durch populistische Parteien aufgegriffen und befördert wird. Da Rechtspopulisten vor allem in städtischen Gebieten mit überproportionaler Wohnbevölkerung mit Migrationshintergrund ihren Ursprung haben, wie die Beispiele Berlin (Kreuzberg, Neukölln) und Stockholm (Rinkeby) zeigen und einzelnen Parteigründern als Ausgangsbasis gedient haben, wie in Rotterdam (Fortuyn) und Antwerpen (De Wever) oder auch Hamburg (Schill), müssen Kontakte zur Bevölkerung verstärkt in diesen sozialen Zusammenhängen beginnen. Dennoch ist es für die etablierten Parteien schwierig, die Themen der rechtspopulistischen glaubwürdig zu bearbeiten, denn dazu müssten sie sich als genügend flexibel und reaktionsschnell erweisen, was bei großen, demokratisch organisierten Parteien ohnehin schwierig ist. Langandauernde Wirtschaftskrisen und die Unfähigkeit, sie in angemessener Zeit in den Griff zu bekommen, sind zudem extrem ungünstig für die politische Bekämpfung von Rechtspopulisten aber auch die Auseinandersetzung mit sonstigen neuen Parteien.

Hier sind die Piraten eine echte Herausforderung, weil sie sich vor allem aktuelle Kommunikationsformen nutzbar machen. Diese verschaffen ihnen auch schneller die Möglichkeit, sich übernational zu organisieren. Die Piraten starteten bereits in Prag im April 2012 eine europäische Vereinigung aller Piratenparteien. Eine Restriktion sind allenfalls die nationalen institutionellen Arrangements, wie in Deutschland das Parteiengesetz und die Regeln der Parteienfinanzierung. Daher müssen die etablierten Parteien dringend ihr Verhalten gegenüber der Bevölkerung überdenken und ändern. Es gilt, sich wieder mehr für Diskussionen zu öffnen und gleichzeitig ihre Vorstellungen zu verdeutlichen, d. h. an den Methoden der Informationsaufnahme, der Informationsgebung und der Konsensbildung sowie dem Vertrauensvorschuss für ihre Repräsentanten arbeiten.

Die Ereignisse des 11. September 2001 haben eine Anti-Stimmung gegen den Islam geschürt und hier einen geeigneten Anknüpfungspunkt für alle Arten von Ausländerfeindlichkeit geliefert. Die bereits erwähnten Ergebnisse der Eurobarometer-Studien weisen in allen EU-Mitgliedstaaten eine mehr oder weniger große Ausländerfeindlichkeit aus. Interessant ist, dass hier die ehemaligen Kolonialmächte es nicht geschafft haben, einen umfassenden Gewöhnungsprozess der Bevölkerung an Fremde herbeizuführen. Insbesondere in Frankreich gibt es immer wieder Ausbrüche von Gewalt, die ihren Ausgangspunkt in den Parallelgesellschaften der Vorstädte großer Städte haben. Die Sinus-Untersuchungen (Sinus-Milieu: Update 2010[26]) belegen, dass Ausländerfeindlichkeit tendenziell in allen Milieus anzutreffen ist. Dies deutet generell auf Versäumnisse in der Integrationspolitik hin. Bereits in den zurückliegenden Jahrzehnten war zu beobachten, dass die Einschätzung zur europäischen Integration sehr stark schwankend war. Skeptiker scheinen angesichts der seit 2009 andauernden Krise immer zahlreicher zu werden. „Gestern waren die Muslime schuld, heute ist es Europa" (Krupka 2012: 1).

Aus Mitteleuropa sind am ehesten junge, formal gut gebildete Menschen davon zu überzeugen, dass Reisefreiheit und die Chancen auf einem europaweiten Arbeitsmarkt für ihre Lebensperspektive positiv zu bewerten sind. Die Älteren befürchten eher, dass sie nunmehr von der EU vereinnahmt werden. In so fern gleichen ihre Meinungen zur EU denen der Briten, die eher weniger als mehr Europa befürworten. Von beiden sind also keine positiven Impulse zur Weiterentwicklung und Demokratisierung Europas zu erwarten.

Haben die europafreundlichen Parteien den Kampf um die europaskeptischen Wähler bereits verloren? Eine Veränderung der Wettbewerbsbedingungen, um damit neue europafeindliche Parteien in Schach zu halten, wäre nur ein letztes Mittel, das bisher allerdings nicht erwogen wird. Vielmehr gehen die Überlegungen gerade in die umgekehrte Richtung: Abschaffung oder Verringerung der Eingangshürden für die Erstkandidaturen. Langfristig eingeführte Wahlverfahren wie ein mehrheitsbildendes Wahlrecht sollten nicht ohne Not in Frage gestellt werden. Dies gilt auch für sonstige institutionelle Strukturen, die die politische Kultur in den einzelnen Mitgliedstaaten der EU geprägt haben.

---

[26] www.themenportal.de/politik/pressemitteilung-30-august-2010-... (Stand : 03.01.11); s. a. European Social Survey: Exploring public attitudes informing public policy: Public Responses to Migration (http//www.europeansocialsurvey.org ... (Stand: 10.08.12)

8.2   Aufgabenzuordnung und Finanztransfers demokratisch kontrollieren

Kernproblem scheint zu sein, wie die einzelnen Teilgebiete an der Entscheidungfindung nach der Vergemeinschaftung beteiligt sein sollen. Dazu brauchen die Teilgebiete einen Aufgabenbestand, für den sie selbst verantwortlich sind. Das Prinzip der Subsidiarität, das im Vertrag von Lissabon festgeschrieben ist, muss also mit Leben gefüllt werden. Aufgabenkritik bei der Zentralinstanz (den Entscheidungsträgern der EU) ist also angesagt. Eine Devolution muss einer schleichenden Vergemeinschaftung vorausgehen. Allerdings tut sich hier besonders das zentralistische Frankreich schwer, während Großbritannien den Weg der Devolution schon seit den 1980er Jahren beschritten hat. Geregelt werden müssten natürlich auch die Finanzfragen. Bisher hat die EU noch keinen Zugriff auf eigene Steuereinnahmen, sondern ist auf Transferzahlungen der Mitgliedstaaten angewiesen. Dies Problem spielt aber in der öffentlichen Diskussion keine Rolle. Vielmehr geht es um die Bereitstellung von Krediten im Rahmen des Bankensystems und die Vergemeinschaftung von Haftungsrisiken oder deren Abwehr sowie um eine gemeinsame Bankenaufsicht.

Dabei sind die Zielvorstellungen sowohl in Europa als auch auf nationaler Ebene bei Wissenschaftlern und politischen Parteien vielfältig. Ausgangpunkt der weiteren Vergemeinschaftsdebatte waren die Eurobonds. Die EU-Kommission unterstützt diese Forderung und die Sozialdemokraten im Europäischen Parlament arbeiten in diese Richtung. Vom neuen französischen Staatspräsidenten werden sie als Element der Solidarität gesehen (FAZ v. 23.06.2012). In Deutschland lehnt die CDU diese strikt ab (und sie ist sich da auch mit den Chefs der Deutschen Bank einig, FAZ v. 22.06.2012). Der Ökonom Hans-Werner Sinn, Präsident des Ifo-Instituts, warnt ebenfalls davor (Sinn 2012: 12). Kritiker sind der Meinung, dass durch jede Solidarhaftung falsche Anreize gegeben werden und der Schuldenabbau verlangsamt wird. Auch der deutsche Sachverständigenrat, der zunächst auch Eurobonds befürwortete, schlägt einen Schuldentilgungspakt vor, auf den jetzt auch die Opposition im Bundestag setzt (FAZ v. 18.05.2012; FAZ v. 25.05.2012).

Inzwischen wird über eine gemeinsame Bankenhaftung diskutiert, um die entstehenden Schulden letztlich nicht der öffentlichen Hand zu überlassen. Dies könnte nach Vorstellung des EU-Kommissionspräsidenten über eine Bankenunion geschehen, die zunächst die 30 grenzüberschreitenden Großbanken (FAZ v. 18.06.2012) einbeziehen und von einer gemeinsamen und verbesserten Aufsicht überwacht werden soll. Eine gemeinsame Einlagensicherung und ein gemeinsamer Fonds zur Abwicklung maroder Banken wird zudem befürwortet. Für eine Bankenunion hat sich auch Frankreich ausgesprochen. Die Wirksamkeit einer Bankenunion kann allerdings nur eintreten, wenn eine effektive Finanzmarktregulierung (z. B. verschärfte Eigenkapitalstandstandards für Banken, Konsens über riskante Vermögenswerte) und weitreichende Durchgriffsrechte der Bankenaufsicht beschlossen und implementiert würden. Die Banken fürchten natürlich eine Vergemeinschaftung der Risiken. Ein Abwicklungsfond für marode Banken könnte falsche Anreize für eine fahrlässige Geschäftsstrategie schaffen (Frühauf 2012: 11). Ob das Ziel, den Steuerzahler dadurch zu schonen, allerdings erreicht werden kann, wird von der Deutschen Bundesbank bezweifelt (FAZ v. 13.06.2012). Eine Kontrolle durch die nationalen Parlamente oder des Europäischen Parlaments sei nicht gegeben.

Auf breiteren Konsens stößt die Forderung einer gemeinsamen europäischen Bankenaufsicht. Voraussetzung ist allerdings, dass die Mitgliedstaaten auf ihre Aufsichtsfunktionen verzichten (Fuest 2012: 10). Zudem bestehen noch „40 unterschiedliche Einlagensicherungssysteme in den 27 Mitgliedstaaten der EU" (Schulz 2012: 18). Sind diese Überlegungen schon wieder überholt, nachdem auf dem Juli-Gipfel 2012 des Europäischen Rates Frankreich, Italien und Spanien mit Unterstützung des Ratspräsidenten und des Euro-Gruppenchefs gegen die deutsche Kanzlerin der ESM als Instrument der Gemeinschaftshaftung für alle Bankeinlagen und -risiken vorgesehen wurde? (Stetzner 2012: 1). Jedenfalls soll die EZB im „Aufsichtsmechanismus" eine zentrale Rolle spielen, der erst im Herbst 2012 auf der Tagesordnung der Staats- und Regierungschefs stehen soll (FAZ v. 10.07.2012). Deutschsprachige Wirtschaftswissenschaftler (zunächst waren es 172) sehen obige Beschlüsse allerdings bereits als einen Schritt in die Bankenunion und kritisieren diese scharf. Verfasser des Protests sind Walter Krämer und Hans-Werner Sinn (FAZ v. 06.07.2012). Ihr Ziel ist es, die Steuerzahler zu schonen und die maroden Banken an ihre Gläubiger zu verweisen. Die Verantwortlichen, Bundeskanzlerin Merkel und Finanzminister Schäuble, heben dagegen die Schaffung der gemeinsamen Aufsicht über die Banken als Fortschritt heraus (FAZ v. 10.07.2012) und bestreiten eine „Vergemeinschaftung der Schulden" der Banken. Etwa 100 Wirtschaftswissenschaftler, die sich den Kritikern der Beschlüsse nicht anschließen (u. a. die ehemalige Wirtschaftsweise Weder di Mauro) verweisen gleichwohl auf „fatale Konstruktionsfehler der Währungsunion" und fordern institutionelle Reformen, u. a. langfristig zwar eine Bankenunion, aber unter Ausschluss der gemeinsamen Haftung (FAZ v.

10.07.2012; FAZ v. 09.07.2012). Vor allem dürfe laut einer IWF-Studie der Staat nie wieder in Geiselhaft durch den Finanzsektor genommen werden, weil zumindest die großen Banken als „systemrelevant" gelten (Pickert 2012: 12). Auch ein Trennbankensystem (analog dem Glass Steagall Act von 1933) wurde als Orientierung vorgeschlagen (Michael Burda, in: FAZ v. 16.07.2012).

Bei umfassendem Umbau der Institutionenstruktur werden umfangreiche Veränderungen der Verträge nötig sein, die wohl Jahre dauern könnten. Da schon bisherige Vereinbarungen nationale Parlamente in ihren Kompetenzen bedrohen und dies durch die Weiterentwicklung der EU zwangsläufig noch mehr der Fall sein wird, werden bereits jetzt immer häufiger Volksabstimmungen über einzelne Schritte gefordert. Hier gilt häufig die Schweiz als Vorbild. Durch die direktdemokratischen Elemente werden die üblichen repräsentativen Entscheidungsverfahren zwar nicht außer Kraft gesetzt, es soll aber gewährleistet sein, dass die parlamentarischen Entscheidungen möglichst weitgehend den Interessen der Bürger entsprechen. In der Schweiz wird die direkte Demokratie sowohl „als politische Bremse" als auch „als Lebenselixier" gesehen (Neidhart 2000). Sie ist allerdings auch hier nicht von „unerwünschten Diskriminierungseffekten" frei, da Männer aus höheren und mittleren Einkommensschichten sich stärker beteiligen (Linder 2003: 498). Wie schon erwähnt befürchten Bedenkenträger bei der Anwendung dieses Instruments auf europäischer Ebene in Zeiten einer aktuellen Krise, dass die Materie selbst für breitere Bevölkerungsschichten viel zu kompliziert ist und dass daher Populisten diese Chance nutzen könnten, um die europäische Integration insgesamt in Frage zu stellen.

Rückwirkungen auf andere Institutionen und Entscheidungsprozesse sind bedeutsam. Vom Referendum „geht der größte Konkordanzzwang aus" (Linder 1992: 25). Inhaltlich wirken mögliche Initiativen in Richtung von Kompromissen. Das Parlament versucht unter Einbeziehung aller wichtigen Gruppen, u. a. der Verbände, Gesetze so auszutarieren, dass hinterher keine Widersprüche durch Referenden befürchtet werden müssen. Vor allem sind Zweifel angebracht, ob diese Funktion durch das Europäische Parlament wahrgenommen werden kann. Denn durch jahrzehntelanges inkrementales Verhalten der Exekutiven unter Einbindung jedweder Interessenverbände sind die Grundbedingungen auf dieser legislativen Ebene kaum gegeben. Die Wirkungen direktdemokratischer Entscheidungsprozesse in einzelnen Staaten der USA werden in neueren Forschungsergebnissen eher als ambivalent beurteilt (Glaser 1997; The Economist 2011). Deshalb darf bezweifelt werden, ob solche Entscheidungsprozesse für einzelne Entscheidungsphasen politischer Teileinheiten in Europa, deren Bevölkerung die der Schweiz in den meisten Fällen übersteigt, ein geeignetes Verfahren sind.

Gleichermaßen sind bislang die verschiedenen Ebenen der Mitgliedstaaten vielfältig auf Transferzahlungen der EU angewiesen. Eine Föderation, in der die Verteilung der Finanzen dauerhafter geregelt wäre, wie in föderalen Systemen üblich, erscheint daher sinnvoller, da sie mehr Kontinuität in der Verfügbarkeit finanzieller Ressourcen mit sich bringt. Weede weist darauf hin, dass Europa dadurch groß geworden ist, dass die Dezentralisierung von Entscheidungen vor dem Hintergrund des Privateigentums ein wichtiger Motor war. Dann könnten nämlich Entscheidungen besser korrigiert werden, während das bei zentralen Entscheidungen nicht so leicht möglich wäre (Weede 2012). Denn politische Entscheidungen müssen immer bei Unsicherheit über die zukünftige Entwicklung gefällt werden.

Für die Bearbeitung des Problems einer angemessenen Beteiligung der Mitgliedstaaten auf der Gemeinschaftsebene machen Buchstein und Hein (2011: 14) einen unkonventionellen Vorschlag. Sie wollen Demokratie und Entscheidungsfähigkeit gleichermaßen erhöhen. Ein Beitrag wäre, die Kommission alle fünf Jahre jeweils nach den Europawahlen über gewichtete Lotterieverfahren zu verkleinern: von 27 auf 15, bei Schwächung der Großen und dennoch Vertretung der Kleinen durch minimal ein Mitglied. Ähnliche Verfahren werden für weitere Gremien vorgeschlagen. In der Tat ist das Übergewicht der kleinen Mitgliedstaaten genauso problematisch, wie die robuste Vereinnahmung der Entscheidungskompetenzen bzw. die Meinungsführerschaft durch die großen Mitgliedsländer.

Im Hinblick auf die föderale Struktur mag Deutschland für das politische System der EU am ehesten als Vorbild heranzuziehen sein, das allerdings auch Schwächen beinhaltet und damit ein Übermaß an Politikverflechtung provoziert. Die gilt es möglichst zu vermeiden. Im Grundgesetz (als Beispiel für Funktions- und Arbeitsteilung) werden die Zuständigkeiten des Bundes und die gemeinsamen Zuständigkeiten von Bund und Ländern festgelegt (ausschließliche Bundesgesetzgebung, konkurrierende Gesetzgebung, Rahmengesetzgebung des Bundes). Wichtige Probleme sind zum einen der breite Bereich der gemeinsamen Zuständigkeiten, der sich aus der konkurrierenden Gesetzgebung ergibt, zum anderen, dass die Länder fast alle Bundesgesetze implementieren. Neben der Aufgabenzuordnung ist die Ausstattung der unterschiedlichen Ebenen mit eigenen Finanzen von Bedeutung. In der Steuergesetzgebung gibt es in Deutschland die ausschließliche Zuständigkeit der einzelnen Ebenen für bestimmte Steuern. Jedoch fällt das erhebliche Übergewicht der gemeinschaftlichen Steuern auf, deren Aufteilung erst über die tatsächlichen Einnahmen von Bund, Ländern und Gemeinden entscheidet. Auch hier ergibt sich ein weiterer Problembereich. Denn die Gemeinschaftssteuern sind Grundlage für den horizontalen und vertikalen Finanzausgleich, der immer wieder zu politischen und juristischen Auseinandersetzungen führt. Die aktuelle Debatte über die Finanzhilfen für überschuldete Eurostaaten ähnelt also den Konflikten, die in Bundesstaaten immer wieder ausgefochten werden.

8.3   Staatsbildungsprozesse als Vorbilder für die Integration nutzen

Wie in den USA besteht wohl in der EU auch Einigkeit darüber, dass ein entstehender Bundesstaat gegenüber den Einzelstaaten und den Individuen in seiner Macht begrenzt bleiben sollte (Vorländer 1995: 44f.). Beim Regierungssystem der USA gaben die Einzelstaatsverfassungen eine Orientierung ab. In Europa besteht bei der Institutionalisierung dagegen eher der Trend, das französische Modell parlamentarischer Regierung mit starker Exekutive durch volksgewählten Präsidenten zu präferieren, denn der Vorschlag einer Direktwahl des Kommissionspräsidenten wird häufig gemacht. Damit würde nicht das weitest verbreitete Institutionensystem gewählt und auch der Pfad verlassen, der immer wieder betont wird: die EU als ein System „sui generis" weiterzuentwickeln.

Eine Option wäre, das politische System der EU in Richtung einer parlamentarischen Demokratie voranzubringen, wie sie bereits in der Mehrzahl der Mitgliedstaaten zur Anwendung gelangt. Dann müsste die Kommission zu einer echten Regierung werden, die aus dem Parlament hervorgeht und die auch dem Parlament verantwortlich ist. Die theoretische Fundierung ist bisher nicht erfolgt. Dabei haben erfolgreiche Vereinigungsprozesse, wie sie in der Schweiz und den USA stattgefunden haben, auf die jeweiligen institutionellen Strukturen der zu vereinigenden Staaten Rücksicht genommen und sie im neuen integrierten System zur Geltung gebracht. Eine maßgebliche Rolle spielten in beiden Fällen die Eliten, in den USA die alten etablierten, in der Schweiz neue, fortschrittliche (im Hof 1997: 107).

Die Schweiz kannte nach dem Sturz Napoleons 1815 als einziges Bundesorgan die Tagsatzung, „auf der jeder Kanton eine Stimme hatte" (Schumann 1971: 19). Mehrheitsentscheide gab es nicht (ebenda), in Europa sind sie bisher selten. Allerdings hatte die Bundesgewalt in der Schweiz bereits die Kompetenzen für das Militärwesen und die Außenpolitik. Erst die liberal-

demokratische Bewegung seit 1830 setzte zunächst die repräsentative Demokratie und dann erste Vorläufer der direkten Demokratie durch. Weiterhin
strebte sie die nationale Einheit an, wobei sie auf den Widerstand der kleineren Kantone stieß. Die wirtschaftliche Weiterentwicklung führte aber letztlich
zu der Einsicht, dass einheitliche politische Institutionen notwendig sein würden. Allerdings mussten die Gegner dieses Weges zunächst 1847 im Sonder-
bundskrieg unterworfen werden. Die Sieger zeigten bei der Vorbereitung eines
Bundesstaates „äußerste Umsicht", indem sie den Kantonen ausgeprägte
Rechte beließen und insoweit auf einen breiten Konsens bei allen Bundesmit-
gliedern hoffen konnten. Bei den Abstimmungen in den Kantonen (direktde-
mokratisch, über die Parlamente oder die Gerichtsgemeinden) ergab sich eine
breite Mehrheit für die neue Bundesverfassung von 1848 (Schumann 1971:
21–24). In Europa wurde dagegen der Verfassungsvertrag nach zwei negativen
direktdemokratischen Voten auf Eis gelegt und weiter an Kompromissen gearbeitet, die allerdings bisher eher Absichtserklärungen blieben und damit nur
marginale Fortschritte im Hinblick auf die Demokratisierung brachten.

Bei vergleichender Betrachtung mit der Staatsbildung der USA ist festzustellen, dass diese zwar von Anfang an – wie in Europa auch – von den Eliten
vorangetrieben (Adams 1977: 46f.), im Gegensatz zu Europa aber in wesentlich kürzerer Zeit zu Ende gebracht wurde. „Der Wunsch nach Prosperität und
nationalstaatlicher Größe schuf einen Konsens, der die neue Bundesverfassung trug ..." (ebenda: 47). Konflikte im Vereinigungsprozess schleppten sich
nicht über Jahrzehnte hin. Der zuvor bestehende Staatsvertrag zwischen den
Einzelstaaten wurde durch den Verfassungsentwurf von 1787 außer Kraft
gesetzt. Wichtig war, dass in der Präambel augenfällig gemacht wurde, dass
die Zustimmung des Volkes die Bundesverfassung legitimiere. Die Bundesverfassung konnte sich an den Vorbildern der Einzelstaaten orientieren. Das
föderalistische System wurde eingeführt bei Ausschluss derjenigen Einzelstaaten, die diesen Weg zunächst nicht mitgehen wollten. Die Debatte darüber war
heftig und erforderte zahlreiche Zugeständnisse, bis die Ratifikation durch
spezielle in den Einzelstaaten gewählte Konvente 1888 endgültig gelang
(Adams 1977: 51; s. a. Heideking 1992: 75 ff.).

In Europa ist stattdessen die Zielorientierung des Vereinigungsimpulses durch
vielfache Beitrittswellen und das Verhalten einzelner Neumitglieder über
Jahre weiter verblasst, so dass nur noch der kleinste gemeinsame Nenner
übrig geblieben ist, der bereits zur Gründung der Europäischen Wirtschaftsgemeinschaft geführt hatte. Die funktionalistische Vorgehensweise hat zwar
mit Hilfe eines ausdifferenzierten verwaltungsgetriebenen Entscheidungspro-
zesses die Zusammenarbeit in Europa wesentlich vertieft, die maßgebliche

Institutionenstruktur wurde aber im Wesentlichen beibehalten, wobei einzelnen Akteuren mehr Rechte zugebilligt wurden. Deren Wahrnehmung musste sich an der Persistenz vorhandener Entscheidungsstrukturen festfahren. Dabei blieb eine Demokratisierung auf der Strecke. Dies wird in der aktuellen Krise von den Eliten mit dem Verweis auf das Effizienzerfordernis akzeptiert. Allerdings kann eine Bewertung der Integrationsergebnisse nicht über ihre maßgeblichen Defizite hinwegsehen. Hier hilft wieder ein Vergleich mit gelungenen Vereinigungsprozessen zu einem Bundesstaat.

Wie schon aufgezeigt, hat die bisherige institutionelle Struktur der EU bereits verschiedene Gemeinsamkeiten mit der Schweiz. Der ehemalige Staatenbund gab sich eine Bundesverfassung, die noch heute in modifizierter Form (Ausweitung der Bundeskompetenzen) ihre Gültigkeit hat. Die Verfassungsentwicklung war gekennzeichnet von einem Ringen um kantonale Selbständigkeit und Ausbau der Zentralgewalt. Der Brauch unmittelbarer Demokratie war tradiert: In den Landsgemeinden und Gemeindeversammlungen fällten die stimmberechtigten Bürger alle relevanten Entscheidungen in direkter Abstimmung. Die Größe der Schweiz (ganz gut mit der Baden-Württembergs vergleichbar) hat die geschichtliche Prägung der Gebiets- und Verwaltungsgliederung im Wesentlichen beibehalten. Die Kantonsvölker identifizieren sich sehr mit ihrem Teilgebiet. Dies gilt vor allen Dingen dort, wo sich die Bevölkerung aufgrund der Sprache, der Abgeschlossenheit oder aufgrund ihrer wirtschaftlichen Verhältnisse in einer Minderheitsstellung fühlt (Neidhart 1988: 45; Neidhart 2002).

Dies ist wohl in Europa auch so. „Risse geht von dem Befund aus, dass das Gros der EU-Bürger (2/3) sich sowohl mit ihrem nationalen Heimatstaat als auch mit der EU identifiziert, wobei mit rund 50 % jene überwiegen, die die Identifikationsvariante: ‚Erst die Nation, dann Europa' vorziehen; sie werden gemeinhin als ‚inklusive Nationalisten' bezeichnet." Dies reicht nach Risse aus, um den heutigen Stand der Integration zu tragen, „nicht aber, um den Integrationsprozess auf redistributive Politiken auszuweiten" (Müller-Brandeck-Bocquet 2012: 136 unter Bezug auf Risse 2010). Um dafür die Voraussetzungen zu schaffen ist weiter an einer europäischen Identität zu arbeiten, denn bisher ist keine „Herausbildung supranationaler und einheitlicher europäischer Identitäten" zu verzeichnen. Deshalb überwiegen noch nationale Teilöffentlichkeiten (Risse 2010: 32; 2012: 140). Ihre Überwindung ist in der Schweiz gelungen, obwohl das Jahrzehnte dauerte. Dabei sind die einzelnen Kantone nach wie vor in Bezug auf Größe, Sprache (Französisch, Italienisch und Rätoromanisch), Wirtschaft und Konfession sehr unterschiedlich. Sprachen- und Religionsgrenzen laufen nicht mit den Kantonsgrenzen parallel. Dies ist auch die Ausgangslage im europäischen Einigungsprozess, die als Problem anzuerkennen und als Chance zu nutzen ist. Sie dürfte dann kein nachhaltiges Hindernis für die Vergemeinschaftung zu einer Politischen Union sein.

Im Übrigen findet sich dies mehr oder weniger in allen föderalen Systemen, z. B. USA, Kanada, Deutschland und Österreich, sowie solchen, die auf dem Wege dorthin sind, z. B. Belgien, Spanien und Italien. Die Trennungslinien zwischen den christlichen Religionen haben nicht mehr die Bedeutung, die sie noch bei Gründung der Niederlande vor Jahrzehnten hatten. Dagegen haben die Sprachgrenzen eher an Bedeutung gewonnen. Hier gibt es nur geringe Überlappungen zwischen Deutschland und Belgien oder Frankreich und Belgien. Die Österreicher und die Deutschen haben die größten sprachlichen Gemeinsamkeiten, was allerdings an der Abgrenzung beider Nationalitäten nicht viel ändert. Ähnlich ist es mit den Niederländern und den Deutschen, obwohl viele die Sprache des anderen verstehen.

8.4   Medienberichterstattung über Europäisches Parlament verbessern

Die bereits vorgetragenen Vorschläge zur Weiterentwicklung und Demokratisierung sind in der Regel an Einzelproblemen orientiert, die damit bearbeitet werden sollen. Sie werden die europakritischen Stimmen nicht zum Verstummen bringen. „Wenn Europa weiter wachsen soll, dann braucht es nicht mehr unkritische EU-Propaganda, keine inkrementellen politischen Reformen und keine ‚integration by stealth'" (Neyer 2012: 139). Die aktuellen Vorschläge, die den Finanzsektor betreffen, führen den bisherigen Integrationsprozess in der seit Jahrzehnten geübten funktionalistischen Weise fort. Soweit sie eine Demokratisierung der Entscheidungsprozesse auf europäischer Ebene vorsehen, handelt es sich eher um langfristige Zukunftsperspektiven.

Eindeutig vorteilhafter wäre es dagegen, die in den Verträgen angelegten Demokratiepotentiale stärker öffentlich zur Wirkung zu bringen. Dabei geht es nicht nur um die bereits erwähnte Subsidiarität, sondern auch darum, die Arbeit des Europäischen Parlaments in der Öffentlichkeit stärker sichtbar zu machen. Das Europäische Parlament hat bereits in achtzig Prozent der Rechtsetzung Mitentscheidungsrechte, beim Haushaltsplan berät und beschließt es mit dem Rat gemeinsam. Zur Zusammenarbeit mit der Kommission gibt es strikte Regeln, die sowohl auf die bevorzugte frühe Information des Parlaments abzielen, als auch zu einem konstruktiven Dialog und dauernden Informationsfluss zwischen Kommission und Parlament verpflichten (Beschluss des Europäischen Parlaments vom 20. Oktober 2010 (2010/2118 (ACI); http:www.europarl.europa.eu/sides/getDoc.do?type=TA&reference=P..., (Stand: 28.06.2012)). Nach dem Vertrag von Lissabon wurde erwartet, dass die „Demokratie in der Europäischen Union erheblich gestärkt wird und den Bürgern der Union, hauptsächlich durch das Parlament größere Möglichkeiten zur Kontrolle der Kommission gegeben werden." (ebenda: 2).

Das Parlament nimmt seine Rechte, die ihm der Lissabon Vertrag zusätzlich gegeben hat, auch wahr und berichtet ausführlich im Internet darüber. So sind seit 2010 Debatten über Einzelaspekte der wichtigen Politikfelder ausführlich nachzuvollziehen. Beispielsweise hat sich das Parlament in der Einwanderungspolitik bei Grenzkontrollen für die Einhaltung der Grundrechte engagiert; es setzt sich für langfristige Lösungen bei der Flucht von Migranten aus Krisengebieten ein. Es protestiert nicht nur gegen mögliche Grenzkontrollen, die das Schengen-Abkommen unterlaufen, sondern es erwägt auch mehrheitlich (gegen den Widerstand von Großbritannien) den Gang zum EuGH. Es setzt sich (zuständig ist hier zunächst der Ausschuss für Wirtschaft und Währung (ECON)) für eigene Steuereinnahmen der EU ein (Finanztransaktionssteuer, Mehrwertsteuer) und zeigt bei der Bewältigung der aktuellen Krise, dass es wesentlich stärker einer Vergemeinschaftung der Probleme zustimmt, so z. B. durch EU-Gesetze und nicht durch intergouvernementale Verpflichtungen. Weiterhin hat es sich früh für Eurobonds und Wachstumspakete ausgesprochen. Auch bei der Regulation der Finanzmärkte prescht es vor: es befürwortet eine Verordnung, die den Handel mit Derivaten sicherer und transparenter macht. Schließlich will es die Economic Governance im Hinblick auf Haushaltsdefizite und Staatsschulden verbessern, u. a. durch Schuldentilgungsfonds. Für Rating-Agenturen möchte das Europäische Parlament die Haftung bei falschen Einschätzungen verschärfen. Auch an Selbstbewusstsein fehlt es den Parlamentariern nicht. Sogar „dem auswärtigen Handeln der Union wird die uneingeschränkte Legitimität von Seiten des Europäischen Parlaments verliehen", so die offizielle Mitteilung des Ausschusses für Auswärtige Angelegenheiten.

Jedoch ist die Medienberichterstattung schwerpunktmäßig an den Entscheidungen der Exekutiven ausgerichtet, so dass die Öffentlichkeit der Mitgliedstaaten die Arbeit des Europäischen Parlaments nicht zur Kenntnis nehmen kann. Lediglich der Haltung des Europäischen Parlaments zum Handelsabkommen Acta und dessen Ablehnung wurde in jüngster Zeit in führenden Print-Medien Deutschlands breitere Aufmerksamkeit geschenkt (z. B. in der

FAZ). Im Fernsehen bringt Arte das einzige Mitgliedstaaten verbindende Angebot, allerdings nicht mit spezifischen Sendungen über Europa. In der Boulevard-Presse finden dagegen die pauschal gegen „Europa" polemisierenden Populisten eher Resonanz: die Finanzhilfen an hochverschuldete Mitgliedstaaten geben dazu reichlich Material an die Hand.

Empirische Studien belegen zwar eine anwachsende Berichterstattung über Europa in den Medien, so dass die Sichtbarkeit der EU verbessert wird. Dies kann auch Debatten über Europa verstärken und damit möglicherweise die Identifikation mit Europa voranbringen. Risse (2010) sieht dabei eine europäische Öffentlichkeit im entstehen, die Voraussetzung für die Demokratisierung ist. Ob diese optimistische Prognose tatsächlich zutrifft, lässt sich allerdings auch bezweifeln. Schließlich ist die Sichtbarkeit ungleichgewichtig (ebenda: 127ff.): nur die besser Gebildeten sind vor allem durch die Quality Press umfassender informiert. Nur sie erhalten ein differenziertes Bild. Ob diese gut informierte Bevölkerungsgruppe mit ihren Argumenten allerdings die für Populisten ansprechbaren Wählergruppen erreicht, ist fraglich. Die Arbeit der breiten Medienlandschaft gilt es also zu verbessern. Zeitungen und das Fernsehen müssten mehr und differenzierter über Europa berichten und dadurch europäische Kontroversen stärker sichtbar machen. Nicht nur die Parteien müssen also ihre Arbeit im Hinblick auf Europa ändern, sondern vor allem die Medien.

Weiterhin geht es darum, Schwachstellen bei der Zusammensetzung des Europäischen Parlaments zu beseitigen, die vor allem vom Bundesverfassungsgericht geäußert wurden. Vorschläge kamen allerdings von diesem Akteur nicht.

Dass die obigen Vorschläge eher mittelfristiger Art sind, bedarf keiner weiteren Erwähnung. Schließlich ist Persistenz nicht nur für Verwaltungen, sondern auch für Netzwerke der Akteure aus Politik und Zivilgesellschaft schon häufiger herausgearbeitet worden, die durch undurchsichtige Verflechtungen profitieren und Einfluss ausüben. Für die Politikverflechtung im Europäischen Mehrebenensystem hat Scharpf bereits vor Jahren das Phänomen als Politikverflechtungsfalle benannt. Seine Prognose war „Unfähigkeit zur Selbst-Transformation" (Scharpf 1985: 348). Seitdem sind dennoch einzelne Schritte in Richtung Demokratisierung zurückgelegt worden, die aktuell aber wieder durch den Entscheidungsdruck in der Krise in den Hintergrund treten. Der Weg der Vergemeinschaftung bei gleichzeitiger Demokratisierung und Beachtung von Handlungsfähigkeit ist weiterzugehen. Den Herausforderungen in einer globalisierten Welt wird Europa langfristig nur durch eine Politische Union gewachsen sein. Dafür gilt es auf allen Ebenen zu werben.

Literatur

Im Fettdruck Titel zur Vertiefung

Abromeit, Heidrun, 2000: Kompatibilität und Akzeptanz – Anforderungen an eine „integrierte Politie", in: Grande/Jachtenfuchs, 59–75.

Adams, Willi Paul, 1977: Die Vereinigten Staaten von Amerika, Frankfurt a.M.

Albert, Mathias u. a., 2011: 16. Shell Jugendstudie, Jugend 2010, 3. (www.static.shell.com... (Stand: 03.01.11)

Altenbockum, Jasper von, 2012: Irrweg in der Krise, in: FAZ v. 10.04.

Altides, Christina, 2011: Der Beitrag der organisierten Zivilgesellschaft zur Veröffentlichung europäischer Politik, in: Kohler/Quittkat, 211–240.

Andeweg, Rudy B. u. a., 2010: The Netherlands, in: Nohlen/Stöver, 1379–1470.

Arnim, Hans Herbert von, 2005: Die neue EU Parteienfinanzierung, in: Neue Juristische Wochenzeitschrift, 58 (5), 247–253.

Art, David, 2007: Reacting to the Radical Right, in: Party Politics, 13 (3), 331–349.

Ast, Susanne, 2000: Wandel traditioneller Politikverflechtung: Die Umsetzung der europäischen Strukturpolitik in Deutschland und Frankreich, in: Grande/Jachtenfuchs, 229–255.

Axt, Heinz-Jürgen, 2000: EU-Strukturpolitik – Einführung in die politikwirtschaftlichen und sozialen Zusammenhalts, Opladen.

Bachmann, Klaus, 2006: Populistische Parteien und Bewegungen in Mittelosteuropa, in: Decker, 216–232.

Bähr, Holger u. a., 2008: Von Hierarchie zu Kooperation? Zur Entwicklung von Governance-Formen in zwei regulativen Politikfeldern der EU, in: Tömmel, 92–115.

Bannas, Gunter, 2012: Ignoranz, Dyskalkulie und andere Risiken, in: FAZ v. 30.03., 2.

Barth, James. R. u. a., 2006: Rethinking Bank Regulation, Cambridge et al.

Bauer, Michael W./Knill, Christoph, 2008: Politikabbau im europäischen Mehrebenensystem: Nationale Beendigungseffekte europäischer Politik, in: Tömmel, 185–206.

Bayer, Jozsef, 2002: Rechtspopulismus und Rechtsextremismus in Ostmitteleuropa, in: ÖZP, 31 (3), 265–280.

Beck, Ulrich/Grande, Edgar, 2004: Das kosmopolitische Europa, Frankfurt.

Bellers, Jürgen, 1984: Integrationstheorien, in: Boeckh, Andreas: Internationale Beziehungen, München/Zürich, 214–217.

Bellucci, Paolo, 2008: Why Berlusconi's Landslide Return? A Comment on the 2008 Italian General Election, in: PVS, 49 (4), 605–617.

Benedetto, Giacomo, 2008: Explaining the Failure of Euroscepticism in the European Parliament, in: Szczerbiak/Taggart, 127–150.

Benz, Arthur, 2000: Entflechtung als Folge von Verflechtung: Theoretische Überlegungen zur Entwicklung des europäischen Mehrebenensystems, in: Grande/Jachtenfuchs, 141–163.

Benz, Arthur, 2008: Entwicklung von Governance im Mehrebenensystem der EU, in: Tömmel, 36–57.

Betz, Hans-Georg, 1991: Radikal rechtspopulistische Parteien in Westeuropa: in: APuZ, 44, 3–14.

Betz, Hans-Georg, 2002: Rechtspopulismus in Westeuropa: Aktuelle Entwicklungen und politische Bedeutung, in: ÖZP, 31 (3), 251–264.

Beyme, Klaus von u.a., 1987: Politikwissenschaft, Bd. III, München.

Bieda, Izabela 2010: Die konservativen Parteien in Polen, Magisterarbeit Universität Oldenburg.

Bieling, Hans-Jürgen, 2011: European Governance: Zum Verhältnis von demokratischer und nicht-demokratischer Deliberation im europäischen Mehrebenensystem, in: ÖZP, 40 (2): 111–123.

Binzer Hobolt, Sara, 2006: How Political Parties Affect Vote Choice in European Referendums, in: Party Politics, 12 (5), 623–647.

Bitterlich, Joachim, 2012: Funktionsfähigkeit und reale Mechanismen der Europäischen Union am Beispiel der Eurokrise, in: Österreichisches Jahrbuch für Politik 2011, Wien, 17–28.

Boeckh, Jürgen u. a., 2004: Sozialpolitik in Deutschland, Wiesbaden.

Boehringer, Simone, 2012: Möge das bessere Geld gewinnen, in: Süddeutsche Zeitung v. 23.05.

Börzel, Tanja, 2002: Kooperation statt Wettbewerb: Regionen vor der Herausforderung der Europäisierung, in: Conzelmann, Thomas/Knoth, Michele (Hrsg.): Regionales Europa – Europäisierte Regionen, Frankfurt a. M.

Börzel, Tanja A., 2006: Europäisierung der deutschen Politik? In: Schmidt/Zohlnhöfer, 491–509.

Börzel, Tanja A., 2008: European Governance – Verhandlungen und Wettbewerb im Schatten der Hierarchie, in: Tömmel, 61–91.

Bogenberger Erklärung, 2011: Sechzehn Thesen zur Situation der Europäischen Währungsunion, in: FAZ v. 07.12., 12 f.

Bopp, Lena/Mühl, Melanie, 2010: Die Partei, die keine sein kann, in: Die Zeit vom 19.06.

Breuss, Fritz, 2012: Eurokrise als Chance für die Europäische Union, in: Österreichisches Jahrbuch für Politik 2011, Wien, 3–15.

Brock, Lothar, 1990: „Frieden". Überlegungen zur Theoriebildung, in: Rittberger, Volker (Hrsg.): Theorien der internationalen Beziehungen, Opladen (PVS Sonderheft), 71–89.

Brügel, Florian, 2012: Die Europäische Aktiengesellschaft zeigt in der Krise ihre Stärken, in: FAZ v. 11.07., 19.

Buchstein, Hubertus/Hein, Michael, 2011: Der Demokratie in Europa täte es gut, wenn Macht ausgelost würde, in: FAZ v. 05.10., 14.

Buchstein, Hubertus/Heinrich,Gudrun, 2010: Rechtsextremismus in Ostdeutschland, München.

Busse, Nikolas, 2011: Eine zweite EU?, in: FAZ v. 08.11., 10.

Busse, Nikolas, 2012: Auf der Suche nach dem polyglotten Super-Europäer, in: FAZ v. 17.09., 6.

Cap, Josef, 2012: Die Krise als Chance. Eine Vision für Europa, in: Österreichisches Jahrbuch für Politik 2011, Wien, 29–35.

Czempiel, Ernst-Otto, 1987: Die Zukunft des Nationalstaates, in: von Beyme, Klaus u. a.: Politikwissenschaft, Band III, Stuttgart u. a., 246–276.

Dauerstädt, Michael, 2000: Demokratisierung der Integration: Volksabstimmungen zur Erweiterung und Vertiefung der EU, Bonn, http://liberary.fes.de/fulltext/id/00845.htm (Stand: 13.11.10) .

Decker, Frank, 2006: Die populistische Herausforderung. Theoretische und länderspezifische Perspektiven, in: Decker, 9–32.

Decker, Frank (Hrsg.), 2006: Populismus. Gefahr für die Demokratie oder nützliches Korrektiv? Wiesbaden.

Dehling, Jochen, 2010: Europäische Parteien, Bonn (http://bpb.de/themen/... (Stand:30.09.10).

Deutscher Bundestag, Wissenschaftliche Dienste, 2011: Aktueller Begriff – Europa: Das ordentliche Gesetzgebungsverfahren, Nr. 03/11 (21.01.).

De Vries, Catherine E./Edwards, Erica E., 2009: Taking Europe to its Extremes: Extremist Parties and Public Euroscepticism, in: Party Politics, 15 (1), 5–28.

Diedrichs, Udo, 2008: Neue Dynamik in der Europäischen Außen- und Sicherheitspolitik: auf dem Weg zu einer EU Security Governance, in: Tömmel, 343–364.

Dietz, Thomas M., 2002: European Federation of Green Parties, in: Johansson/Zervakis, 125–159.

Di Fabio, Udo, 2012: Das europäische Schuldendilemma als Mentalitätskrise, in: FAZ v. 22.06., 9.

Döring, Herbert, 1993: Großbritannien, Opladen.

Donnelly, Brendon, 2012: On the Edge: Britain and the European Union, in: European View, 11, 31–37.

Donnelly, Shawn, 2008: Regime der Finanzmarkt- und Unternehmensregulierung in Europa: die Bestimmung gesetzlicher Strukturen und Regulierungsprozesse, in: Tömmel, 253–271.

Downs, Anthony, 1959: An Economic Theory of Democracy, New York.

Earnshow, David/Judge, David, 1996: From Co-operation to Co-decision: The European Parliament's Path to Legislative Power, in: Richardson, Jeremy J. (Hrsg.): European Union, London/New York, 96–126.

Eichener, Volker, 2000: Das Entscheidungssystem der Europäischen Union, Opladen.

Eichener, Volker/Voelskow, Helmut (Hrsg.), 1994: Europäische Integration und verbandliche Interessenvermittlung, Marburg.

Elklit, Jorgen, 2010: Denmark, in: Nohlen/Stöver, 501–564.

Etzioni, Amitai, 1965: Der harte Weg zum Frieden, Göttingen.

Falkner, Gerda, 2000: Problemlösungsfähigkeit im europäischen Mehrebenensystem: Die soziale Dimension, in: Grande/Jachtenfuchs, 283–311.

Falkner, Gerda, 2003: Zwischen Gestaltungslücke und integrativen Kooperationseffekten: Wohlfahrtsstaat und Integration aus der Sicht des historischen Institutionalismus, in: Jachtenfuchs, Markus/Kohler-Koch, Beate (Hrsg.): Europäische Integration, Opladen, 479–511.

Feld, Lars P., 2012: Europa in der Welt von heute, in: FAZ v.17.02., 10.

Frankenberger, Klaus-Dieter, 2012: Mehr Parlament, mehr Politik. Wie die SPD es mit „Europa" hält, in: FAZ v. 04.04.

Fraenkel, Ernst, 1964. Der Pluralismus als Strukturelement der freiheitlich-rechtsstaatlichen Demokratie, München/Berlin.

Frühauf, Markus, 2012: Menetekel Bankenunion, in: FAZ v. 23.06., 11.

Fuest, Clemens, 2012: Bankenunion statt Fiskalunion, in: FAZ v. 08.06., 10.

Gabriel, Sigmar, 2012: Interview mit der „Welt am Sonntag" v. 1. Juli 2012 (http://www.sigmar-gabriel.de/interviews/interview-mit-der-Welt-am-son... (24.08.2012).

Gärtner, Heinz, 1993: Neue Theorien der internationalen Politik im Widerstreit, in: ÖZP, 22 (2), 125–139.

Gast, Henrik/Kühne, Alexander, 2011: „Tea Party"-Time in den USA? in: ZParl, 41 (2), 247–269.

Gehring, Thomas, 2000: Die Bedeutung spezialisierter Entscheidungsprozesse für die Problemlösungsfähigkeit der Europäischen Union, in: Grande/Jachtenfuchs, 77–112.

Gehring, Thomas u. a., 2008: Risikoregulierung im europäischen Binnenmarkt: Regulierungsagenturen, Normierungsinstitute und Komitologie-Ausschüsse, in: Tömmel, 232–252.

Genschel, Philipp, 2000: Die Grenzen der Problemlösungsfähigkeit der EU, in: Grande/Jachtenfuchs, 191–207.

Genschel, Philipp u. a., 2008: Die Ursachen des europäischen Steuerwettbewerbs, in: Tömmel, 297–320.

Georg, Co-Pierre/Meinert, Philipp, 2012: Globale Finanzmarktaufsicht, in: APuZ, 13, 35–40.

Glaser, Ulrich, 1997: Direkte Demokratie als politisches Routineverfahren, Erlangen und Jena.

Grande, Edgar, 2000: Multi-Level Governance: Institutionelle Besonderheiten und Funktionsbedingungen des europäischen Mehrebenensystems, in: Grande/Jachtenfuchs 2000, 11–30.

Grande, Edgar/Hartenberger, Ute, 2008: Regulatory Governance im europäischen Mehrebenensystem, in: Tömmel, 209–230.

Grande, Edgar/Jachtenfuchs Markus (Hrsg.), 2000: Wie problemlösungsfähig ist die EU? Baden-Baden.

Green, Simon, 2006: Zwischen Kontinuität und Wandel: Migrations- und Staatsangehörigkeitspolitik, in: Schmidt/Zohlnhöfer, 113–134.

Grotz, Florian/Hubai, Laszlo, 2010: Hungary, in: Nohlen/Stöver, 873–946.

Haas, Ernst B., 1968: The Uniting of Europe, Stanford.

Haase, Marianne/Jugl, Jan C., 2012: Asyl- und Flüchtlingspolitik der EU (www.bpb.de/themen/7H6FAJ,2,0, Asyl_und_Fl%FCchtlingspolitik (Stand:16.01.12).

Haller, Max, 2010: European Integration as an Elite Process: the Failure of a Dream? New York.

Hartlapp, Miriam, 2008: Intra-Kommissionsdynamik im Policy-Making: EU-Politiken angesichts des demographischen Wandels, in: Tömmel, 139–160.

Hau, Harald/Hege, Ulrich, 2012: Warum ein Schuldenschnitt die bessere Lösung ist, in: FAZ v. 14.09., 14.

Hefty, Paul, 2012: Im Einschritt zur Vokswahl?, in: FAZ v. 23.05.

Heideking, Jürgen, 1992: Revolution, Verfassung und Nationalstaatsgründung, 1963–1815, in: Adams, Willi Paul u. a.: Die Vereinigten Staaten von Amerika, Band 1, Frankfurt/New York, 64–86.

Heinelt, Hubert u. a., 2005: Zivilgesellschaftliche Partizipation im EU-Mehrebenensystem, in: Knodt, Michele/Finke, Barbara (Hrsg.): Europäische Zivilgesellschaft, Wiesbaden, 273–298.

Heinisch, Reinhard, 2003: Success in Opposition – Failure in Government: Exploring the Performance of the Austrian Freedom Party and other European Right-Wing Populist Parties in Public Office, in: West European Politics, 26 (3), 91–130.

Heinisch, Reinhard, 2004: Die FPÖ – Ein Phänomen im internationalen Vergleich, in: ÖZP, 33 (3), 247–261.

Henderson, Karen, 2008: Exceptionalism or Convergence? Euroscepticism and Party Systems in Central and Eastern Europe, in: Szczerbiak/Taggart, 103–126.

Heritier, Adrienne u. a., 1994. Die Veränderung von Staatlichkeit in Europa, Opladen.

Heritier, Adrienne, 1999: Policy-making and Diversity in Europe: escaping Deadlock, Cambridge.

Heritier, Adrienne, 2002: Modes of Governance in Europe: Policy-Making Without Legislating? in: Heritier, Adrienne (Hrsg.): Common Goods: Reinventing European and International Governance, Lanham, 185–206.

Höpner, Martin u. a., 2012: Trilemma der europäischen Integration , in: FAZ v. 27.04., 12.

Hofferbert, Richard/Klingemann, Hans-Dieter, 1990: The Policy Impact of Party Programs and Government Declarations in the Federal Republic of Germany, in: European Journal of Political Research, 18 (3), 277–304.

Holzinger, Katharina u. a., 2003: Steuerungswandel in der europäischen Umweltpolitik?, in: Holzinger u. a. (Hrsg.): Politische Steuerung im Wandel: Der Einfluss von Ideen und Problemstrukturen, Opladen, 103–129.

Holzinger, Katharina, 2005: Institutionen und Entscheidungsprozesse, in: Holzinger u. a., 81–152.

Holzinger, Katharina u. a. (Hrsg.), 2005: Die Europäische Union: Analysekonzepte und Theorien, Paderborn.

Hrbek, Rudolf, 1995: Der Vertrag von Maastricht über die Europäische Union: Entstehung, Inhalt, Probleme und Kontroversen, in: Klatt, Helmut (Hrsg.): Das Europa der Regionen nach Maastricht, München, 11–24.

Hrbek, Rudolf, 1996: Wirtschafts- und Sozialausschuss, in: Kohler-Koch/Woyke, 299–301.

Hrbek, Rudolf, 1998: Die europäische Rolle der Landes- und Regionalparlamente, eine Einführung, in: Straub, Peter/Hrbek, Rudolf (Hrsg.): Die europäische Rolle der Landes- und Regionalparlamente, Baden-Baden, 11–18.

Hurrelmann, Achim, 2012: Rezension zu Kohler-Koch/Quittkat 2011, in: PVS, 53 (1), 158–160.

Im Hof, Ulrich, 1997: Geschichte der Schweiz, Stuttgart u. a. (6. Aufl.).

Ismayr, Wolfgang (Hrsg.), 2002: Die politischen Systeme Osteuropas, Wiesbaden.

Ismayr, Wolfgang (Hrsg.), 2009: Die politischen Systeme Westeuropas, Wiesbaden (4. Aufl.).

Issing, Otmar, 2012: Die Währungsunion auf dem Weg zur Fiskalunion?, in: FAZ v. 06.01., 10.

Jachtenfuchs, Markus/Kohler-Koch, Beate (Hrsg.), 1996: Europäische Integration, Opladen.

Jänicke, Martin, 2006: Umweltpolitik – auf dem Wege zur Querschnittspolitik, in: Schmidt/Zohlnhöfer, 405–418.

Jahn, Detlef, 2006: Einführung in die vergleichende Politikwissenschaft, Wiesbaden.

Jahn, Detlef, 2009: Das politische System Schwedens, in: Ismayr, 107–149.

Jahn, Joachim, 2012: Karlsruhe spricht das letzte Wort über die Euro-Rettung, in: FAZ v. 11.09., 10.

Jarren, Otfried/Donges, Patrick, 2006: Medienpolitik: Zwischen Politikverzicht, parteipolitischer Interessenwahrung und transnationalen Einflüssen, in: Schmidt/Zohlnhöfer, 385–403.

Joffe, Josef, 2012: Vorbild Schröder, in: Die Zeit v. 10.05.

Johansson, Karl Magnus, 2002: European People's Party, in: Johansson/Zervakis, 51–80.

Johansson, Karl Magnus/Zervakis, Peter (Hrsg.), 2002: European Political Parties between Cooperation and Integration, Baden-Baden.

Jungclaussen, John F., 2012: „You'll never walk alone", in: Die Zeit v. 10.05.

Kaase, Max, 1983: Massenmedien, in: Schmidt, Michael (Hrsg.): Westliche Industriegesellschaften, München, 228–234.

Kaffsack, Hanns-Jochen, 2012: Hiobsbotschaften für Italien – „Wirtschaft säuft ab", in: NWZ v. 14.07., 8.

Kafsack, Hendrick, 2012: Von Lissabon-Agenda und Projektbonds, in: FAZ v. 05.05.

Karas, Othmar, 2008: Der EU-Finanzbinnenmarkt, in: Pernsteiner, H. (Hrsg.): Finanzmanagement aktuell. Unternehmensfinanzierung, Wertpapiermanagement/Kapitalmarkt, Bank/Versicherung, Wien.

Katz, Richard S., 2008: Euroscepticism in Parliament: A Comparative Analysis of the European and National Parliaments, in: Szczerbiak/Taggart, 151–180.

Keating, Michael/Hooghe, Liesbet, 1996: Bypassing the Nation State?, in: Richardson, Jeremy J. (Hrsg.): European Union, London/New York, 216–229.

Kempf, Udo, 2009: Das politische System Frankreichs, in: Ismayr, 349–404.

Kersting, Norbert u. a., 2009: Local Governance Reform in Global Perspective, Wiesbaden.

Kielmannsegg, Peter Graf, 1987: Fragestellungen der Politikwissenschaft, in: von Beyme, Klaus (Hrsg.): Politikwissenschaft I, Frankfurt, 3–35.

Kitschelt, Herbert, 1977: Radical Right in Western Europe: A Comparative Analysis, Ann Arbor.

Knill, Christoph, 2005: Die EU und die Mitgliedstaaten, in: Holzinger u. a., 153–180.

Knop, Carsten, 2012: Die ESM-Verwirrung, in: FAZ v. 04.08., 11.

Körösenyi, Andras, 2002: Das politische System Ungarns, in: Ismayr, 309–353.

Kohler-Koch, Beate, 2011: Vorwort: Zivilgesellschaftliche Partizipation in der EU auf dem Prüfstand, in: Kohler-Koch/Quittkat, 7–18.

Kohler-Koch, Beate, 2011: Regieren mit der europäischen Zivilgesellschaft, in: Kohler-Koch/Quittkat, 19–47.

Kohler-Koch, Beate, 2011: Die vielen Gesichter der europäischen Zivilgesellschaft, in: Kohler-Koch/Quittkat, 48–73.

Kohler-Koch, Beate, 2011: Zivilgesellschaftliche Partizipation: Zugewinn an Demokratie oder Pluralisierung der europäischen Lobby, in: Kohler-Koch/Quittkat, 241–271.

Kohler-Koch, Beate/Buth, Vanessa, 2011: Der Spagat der europäischen Zivilgesellschaft – zwischen Professionalität und Bürgernähe, in: Kohler-Koch/Quittkat, 167–210.

Kohler-Koch, Beate/Knoth, Michele, 1999: Regionales Regieren in der EU, in: Nitschke, Peter (Hrsg.): Die Europäische Union der Regionen, Opladen, 167–194.

Kohler-Koch, Beate/Quittkat, Christine, 2011: Die Entzauberung partizipativer Demokratie. Zur Rolle der Zivilgesellschaft bei der Demokratisierung von EU-Governance, Frankfurt a.M./New York.

Kohler-Koch, Beate/Woyke, Wichard (Hrsg.), 1996: Die Europäische Union, München.

Kropp, Sabine u. a., 2012: Von den Schwierigkeiten, Zusammengehöriges zu vereinen. Parlamente und Ministerialbürokratien als Gegenstand der Europaforschung, in: PVS, 53 (1), 109–134.

Kunstein, Tobias/Wessels, Wolfgang, 2012: What we hope, what we fear, what we expect: possible Scenarios for the Future of the Eurozone, in: European View, 11, 14 June, 5–14.

Krumm, Thomas, 2008: Konkordanzdemokratie unter Konkurrenzdruck. Zu den Parlamentwahlen in der Schweiz vom 21. Oktober 2007, in: ZParl, 39 (4), 683–702.

Krupka, Matthias, 2012: Hilfe für Populisten, in: Die Zeit v. 26.04., 1.

Kube, Reimer, 2011: Europa kann vom deutschen Finanzföderalismus lernen, in: FAZ v. 07.12., 21.

Landfried, Christine, 2002: Das politische Europa. Differenz als Potential der Europäischen Union, Baden-Baden.

Ladrech, Robert, 2002: Party of European Socialists, in: Johansson/Zervakis 2002, 81–96.

Lange, Hans-Jürgen, 2006: Innere Sicherheit und der Wandel der Staatlichkeit, in: Schmidt/Zohlnhöfer, 87–112.

Lanig, Thomas, 2012: Europäische Idee weckt wenig Enthusiasmus, in: Nord West Zeitung (NWZ) v. 08.09.2012.

Lee, Charles, 2008: The Political Opportunity Structure of Euroscepticism: Institutional Setting and Political Agency in European Polities, in: Szczerbiak/Taggart, 28–51.

Lehmbruch, Gerhard, 1967: Proporzdemokratie, Tübingen.

Leiber, Simone/Schäfer, Armin, 2008: Der doppelte Voluntarismus in der EU Sozial- und Beschäftigungspolitik, in: Tömmel, 116–135.

Lenschow, Andrea/Reiter, Renate, 2008: „Keeping Competence" – Politikkoordination als Mittel der institutionellen Verankerung europäischer Umwelt- und Regionalpolitik, in: Tömmel, 161–184.

Lepszy, Norbert /Wilp, Markus, 2009: Das politische System der Niederlande, in: Ismayr, 405–450.

Lijphart, Arend, 1968: The Politics of Accommodation: Pluralism and Democracy in the Netherlands, Berkeley.

Lindner, Ralf/Schultze, Rainer-Olaf, 2010: Germany, in: Nohlen/Stöver, 723–806.

Lipke, Isabel/Vander Stichele, Myriam, 2003: Finanzdienstleistungen in der WTO: Lizenz zum kassieren? Berlin.

Lösche, Peter, 1989: Amerika in Perspektive, Darmstadt.

Lucardie, Paul, 2000: Prophets, Purifiers and Prolocutors: Towards a Theory on the Emergence of New Parties, in: Party Politics, 8 (2), 175–185.

Lütz, Susanne, 2002: Der Staat und die Globalisierung von Finanzmärkten. Regulative Politik in Deutschland, Großbritannien und den USA, Frankfurt a.M./New York.

Luthardt, Wolfgang, 1994: Direkte Demokratie, ein Vergleich in Westeuropa, Baden-Baden.

Mair, Peter, 2002: Populist Democracy vs. Party Democracy, in: Mény/Surel, 81–98.

Martens, Michael, 2008: Ritualisierter Widerstand, in: FAZ v. 11.12.

Materska-Sosnowska, Anna, 2010: Poland, in: Nohlen/Stöver, 1471–1524.

McGann, Anthony J./Kitschelt, Herbert, 2005: The Radical Right in the Alps, in: Party Politics, 11 (2), 147–171.

Maull, Hanns W., 2006: Die präkäre Kontinuität: Deutsche Außenpolitik zwischen Pfadabhängigkeit und Anpassungsdruck, in: Schmidt/Zohlnhöfer, 421–445.

Mény, Yves/Surel, Yves, 2002: The Constitutive Ambiguity of Populism, in: Mény/Surel 2002, 1–21.

Mény, Yves/Surel,Yves (Hrsg.), 2002: Democracies and the Populist Challenge, Houndsmills u. a.

Mertens, Maren, 2010: Erfolge rechtsextremer Parteien bei den Landtagswahlen, Masterarbeit Universität Oldenburg.

Meyer, Dirk, 2011: Das Konzept der Parallelwährung für die Eurozone, in: ifo Schnelldienst, 64 (23), 12–15.

Meyer, Thomas, 2006: Populismus und Medien, in: Decker, 81–96.

Michels, Reinhold, 2012: Adenauers zorniger Enkel, in: Rheinische Post vom 21.07.

Miosga, Manfred, 2000: Die Umsetzung der Gemeinschaftsinitiative INTERREG im nordrhein-westfälisch-münsterländischen Grenzraum, in: Grande/Jachtenfuchs, 257–281.

Mudde, Cas, 2002: In the Name of the Peasantry, the Proletariat, and the People: Populism in Eastern Europe, in: Mény/Surel, 214–232.

Mudde, Cas, 2004: The Populist Zeitgeist, in: Government and Opposition, 39 (4), 541–563.

Mudde, Cas, 2007: Populist Radical Right Parties in Europe, Cambridge.

Müller, Reinhard, 2011: Ans Eingemachte, in: FAZ v. 12.12., 10.

Müller, Reinhard, 2012: Bedrohliches Gefühl, in: FAZ v. 18.04., 1.

Müller, Wolfgang C., 2002: Evil or the ‚Engine of Democracy'? Populism and Party Competition in Austria, in: Mény/Surel, 139–154.

Müller-Brandeck-Bocquet, 1992: Europäische Integration und deutscher Föderalismus, in: Kreile, Michael (Hrsg.): Die Integration Europas, Opladen (PVS Sonderheft 23), 160–182.

Müller-Brandeck-Bocquet, Gisela, 2006: Europapolitik als Staatsraison, in: Schmidt/Zohlnhöfer, 467–490.

Müller-Brandeck-Bocquet, Gisela, 2012: Rezension zu Risse 2010, in: PVS 53 (1), 135–137.

Mussler, Werner, 2012: Europa ohne Regeln, in: FAZ v. 07.07., 1.

Mussler, Werner, 2012: Unter der Brüsseler Lupe. Die EU-Aufsicht über nationale Wirtschaftspolitik wird strenger, in: FAZ v. 12.09.

Mussler, Werner, 2012: Mammutprojekt Bankenaufsicht, in: FAZ v. 10.09.

Naßmacher, Hiltrud, 1987: Wirtschaftspolitik „von unten", Basel u. a.

Naßmacher, Hiltrud, 1989: Auf- und Abstieg von Parteien, in: ZfP, 36 (2), 169–190.

Naßmacher, Hiltrud, 2001: Die Bedeutung der Kommunen und der Kommunalpolitik für den Aufstieg neuer Parteien, in: ZParl, 32 (1), 3–18.

Naßmacher, Hiltrud, 2005: Noch einmal davongekommen? Die kanadische Unterhauswahl vom 28. Juni 2004, in: Zeitschrift für Kanada-Studien, 25 (1), 7–22.

Naßmacher, Hiltrud, 2010: Politikwissenschaft, München/Wien, 6. Aufl.

Naßmacher, Hiltrud, 2010: Parlamentarische Demokratie und Weltfinanzkrise, in: Gloe, Markus/Reinhardt, Volker (Hrsg.): Politikwissenschaft und Politische Bildung, Wiesbaden, 143–156.

Naßmacher, Hiltrud/Naßmacher, Karl-Heinz, 2007: Kommunalpolitik in Deutschland, Wiesbaden, 2. Aufl.

Naßmacher, Karl-Heinz, 1972: Demokratisierung der Europäischen Gemeinschaften, Bonn.

Naßmacher, Karl-Heinz, 2009: The Funding of Party Competition, Baden-Baden.

Naßmacher, Karl-Heinz/Naßmacher, Hiltrud, 2009: Nachhaltige Wirtschaftspolitik in der parlamentarischen Demokratie. Das britische Beispiel, Wiesbaden.

Neunreither, Karl-Heinz, 1996: Europäisches Parlament, in: Kohler-Koch/Woyke, 108–113.

Neyer, Jürgen, 2012: Rezension zu Risse 2010, in: PVS, 53 (1), 137–140.

Niedermayer, Oskar, 2005: Die Wahl zum Europäischen Parlament vom 13. Juni 2004 in Deutschland, in: ZParl, 36 (1), 3–19.

Niedermayer, Oskar, 2009: Die Wahl zum Europäischen Parlament vom 7. Juni 2009 in Deutschland, in: ZParl, 40 (4) , 711–731.

Niedermayer, Oskar, 2010: Erfolgsbedingungen neuer Parteien im Parteiensystem am Beispiel der Piratenpartei Deutschland, in: ZParl, 41 (4), 838–854.

Niedermayer, Oskar, 2010: Von der Zweiparteiendominanz zum Pluralismus: Die Entwicklung des deutschen Parteiensystems im westeuropäischen Vergleich, in: PVS, 51 (1), 1–13.

Niedermayer, Oskar u. a. (Hrsg.), 2006: Die Parteiensysteme Westeuropas, Wiesbaden.

Nohlen Dieter, 2010: France, in: Nohlen/Stöver, 639–721.

Nohlen, Dieter/Stöver, Philip (Hrsg.), 2010: Elections in Europe. A Data Handbook, Baden-Baden.

Nonnenmacher, Günther, 2012: Rettung oder Ruin?, in: FAZ v. 08.09.: 1.

Nugent, Neill, 1999: The Government and Politics of the European Union, Houndmills u. a., 4. Aufl.

Obinger, Herbert, 2004: Politik und Wirtschaftswachstum. Ein internationaler Vergleich, Wiesbaden.

Olt, Reinhard, 2011: Aus Eins macht Zwei, in: FAZ v. 25.10.

Oppelland, Torsten, 2006: Das Parteiensystem der Europäischen Union, in: Niedermayer u. a., 455–475.

O.V., 2010: Wilders bleibt der Einzige, in: FAZ v. 24.11.

O.V., 2011: Die fragliche Union, in: FAZ v. 12.01.

O.V., 2012: Hilfeschrei der Konkurrentin, in: FAZ v. 14.01.

Patemann, Carole, 2012: Participatory Democracy Revised, in: Perspectives on Politics, 10 (1), 7–19.

Pelinka, Anton, 2009: Das politische System Österreichs, in: Ismayr, 607–641.

Pennekamp, Johannes, 2012: Geschäfte in der Grauzone, in: FAZ v. 29.6, 12.

Petersen, Thomas, 2011: Das gemeinsame Interesse an Europa ist in Gefahr, in: FAZ v. 26.01., 5.

Petersen, Thomas, 2012: Stabile Vorurteile – robuste Gemeinschaft, in: FAZ v. 21.03.

Pfennig, Katja, 2009: Regionale Strukturpolitik der EU im Mehrebenensystem am Beispiel Ruhrgebiet, Oldenburg (Diplomarbeit) 2009.

Picker, Ruth u. a., 2004: Aufstieg und Fall der FPÖ aus der Perspektive der Empirischen Wahlforschung, in: ÖZP, 33 (3), 263–279.

Piller, Tobias, 2012: Griechische Legenden, in: FAZ v. 12.05.

Plickert, Philip, 2012: Die Milliardensubvention für die Banken, in: FAZ v. 16.07., 12.

Plickert, Philip, 2012: Euro-Sorgenländer erholen sich langsam, in: FAZ v. 17.09., 13.

Plickert, Philip u. a., 2012: Der ESM: Rettungsfonds oder Bad Bank? in: FAZ v. 19.06., 10.

Pöttering, Hans-Gerd, 2012: Reisefreiheit im Schengen-Raum darf nicht leiden, in: NWZ v. 08.06., 2.

Poguntke, Thomas/Pütz, Christiane, 2006: Entwicklungschancen von Europaparteien, in: ZParl, 37(2), 334–353.

Poier, Klaus, 2010: Austria, in: Nohlen/Stöver, 169–232.

Quittkat, Christine, 2011: Das Konsultationsregime in der Praxis: eine Tiefenanalyse, in: Kohler-Koch/Quittkat, 98–124.

Quittkat, Christine, 2011: Neue Medien im Dienste der Demokratie? Der zivilgesellschaftliche Gewinn von Online-Konsultationen, in: Kohler-Koch/Quittkat, 125–166.

Quittkat, Christine /Kohler-Koch, Beate, 2011: Die Öffnung der europäischen Politik für die Zivilgesellschaft – das Konsultationsregime der Europäischen Kommission, in: Kohler-Koch/Quittkat, 74–97.

Raich, Silvia, 1994: Grenzüberschreitende und internationale Zusammenarbeit in einem „Europa der Regionen", Baden-Baden.

Randow, Gero von, 2010: Des Alten blonde Tochter, in: Die Zeit v. 16.12.

Riescher, Gisela u. a. (Hrsg.), 2000: Zweite Kammern, München/Wien.

Risse, Thomas, 2010: A Community of Europeans? Transnational Identities and Public Spheres, Ithaca/London.

Risse, Thomas, 2012: Die „Gemeinschaft von Europäern" im Härtetest: (K)eine Replik, in: PVS, 53 (1), 140–142.

Rittberger, Volker/Schimmelpfennig, Frank, 2005: Integrationstheorien. Entstehung und Entwicklung der EU, in: Holzinger u. a., S. 19–80.

Rittberger, Volker /Zangl, Bernhard, 2005: Integrationstheorien. Entstehung und Entwicklung der EU, in: Holzinger u. a., 19–80.

Roller, Edeltraud, 2004: Performance, in: Göhler, Gerhard u. a. (Hrsg.): Politische Theorie. 22 umkämpfte Begriffe zur Einführung, Wiesbaden, 297–314.

Rose, Richard/Munro, Neil, 2010: United Kingdom, in: Nohlen/Stöver, 2001–2034.

Ross, Andreas, 2012: Haager Stimmungsdemokratie, in: FAZ v. 14.09., 1.

Rudzio, Wolfgang, 2011: Das politische System der Bundesrepublik Deutschlands, Wiesbaden, 8. Aufl.

Rüb, Matthias, 2010: Amüsiert und alarmiert, in: FAZ v. 20.04.

Ruhkamp, Stefan, 2012: Der freundliche Bremser, in: FAZ v. 28.04., 16.

Ruhkamp, Stefan, 2012: EZB ohne Bankenaufsicht, in: FAZ v. 31.08., 1.

Sandström, Camilla, 2002: European Liberal, Democrat and Reform Party, in: Johansson/Zervakis, 97–123.

Sarcinelli, Ulrich, 1993: Mediale Politikdarstellung und politisches Handeln, in: Jarren, Otfried (Hrsg.): Politische Kommunikation in Hörfunk und Fernsehen, Opladen, 35–50.

Scharpf, Fritz W., 1985: Die Politikverflechtungsfalle: Europäische Integration und deutscher Föderalismus im Vergleich, in: PVS, 26 (4), 323–356.

Scharpf, Fritz W., 1999: Regieren in Europa: Effektiv und demokratisch? Frankfurt a. M.

Scharpf, Fritz W., 2009: Legitimacy in the multilevel European Polity, in: European Political Science Review, 1 (2), 173–204.

Schellenberg, Britta, 2010: Europa auf dem „rechten" Weg. Rechtsextremismus in Europa, Zusammenfassung einer Konferenz am 30.11.2009, Friedrich Ebert Stiftung Berlin.

Scheller, Hendrik, 2012: Fiscal Governance und Demokratie in Krisenzeiten, in: APuZ, 13, 9–16.

Schieritz, Mark, 2012: 1:0 für die Populisten, in: Die Zeit v. 26.04.

Schimmelpfennig, Frank, 2010: The normative Origins of Democracy in the European Union: towards a transformationalist Theory of Democratization, in: European Political Science Review, 2 (2), 211–233.

Schmidt, Helmut, 2010: Ohne den Euro ist alles nichts! in: Die Zeit v. 16.12.

Schmidt, Manfred G., 1995/2000: Demokratietheorien, Opladen/Wiesbaden.

Schmidt, Manfred G., 2000: Der konsoziative Staat. Hypothesen zur politischen Struktur und zum politischen Leistungsprofil der Europäischen Union, in: Grande/Jachtenfuchs, 33–58.

Schmidt, Manfred G., 2002: Political Performance and Types of Democracy: Findings from Comparative Studies, in: European Journal of Political Research, 41 (2), 147–163.

Schmidt, Manfred G., 2005: Zur Zukunftsfähigkeit der Demokratie – Befunde des internationalen Vergleichs, in: Kaiser, Andre/Leidhold, Wolfgang (Hrsg.): Chancen und Herausforderungen im 21. Jahrhundert, Münster, 70–87.

Schmidt, Manfred G./Zohlnhöfer, Reimut (Hrsg.), 2006: Regieren in der Bundesrepublik Deutschland: Innen- und Außenpolitik seit 1949, Wiesbaden.

Schmidt, Susanne K. u. a., 2008: Jenseits von Implementierung und Compliance – Die Europäisierung der Mitgliedstaaten, in: Tömmel, 275–296.

Schmitt, Hermann/van der Eijk, Cees, 2008: There is not much eurosceptic Non-Voting in European Parliament Elections, in: Szczerbiak/Taggart, 208–237.

Schmitt-Beck, Rüdiger, 2012: Empirische Wahlforschung in Deutschland: Stand und Perspektiven zu Beginn des 21. Jahrhunderts, in: Schmitt-Beck, Rüdiger (Hrsg.): Wählen in Deutschland, PVS, Sonderheft 45, Baden-Baden, 2–39.

Schümer, Dirk, 2012: Europa schafft sich ab, in: FAZ v. 30.01.

Schürz, Martin, 2000: Wirtschaftspolitische Problemlösungsfähigkeit in der Wirtschafts- und Währungsunion, in: Grande/Jachtenfuchs, 209–227.

Schulz, Bettina, 2012: Bankenrisiken überfordern die Staaten, in: FAZ v. 10.07., 18.

Schumann, Klaus, 1971: Das Regierungssystem der Schweiz, Köln u. a.

Schumpeter, Joseph, 1942: Kapitalismus, Sozialismus und Demokratie, Bern.

Schwarz, Hans-Peter, 2012: Helmut Kohl. Eine politische Biographie, München.

Seiser, Michaela, 2012: Orbans Husarenritt, in: FAZ v. 31.05.

Sinn, Hans-Werner, 2012: Wir sitzen in der Falle, in: FAZ v. 18.02., 12.

Spier, Tim, 2010: Modernisierungsverlierer? Die Wählerschaft rechtspopulistischer Parteien in Westeuropa, Wiesbaden.

Stabenow, Michael, 2012: Ein Europäischer Konvent als Ausweg aus der Krise, in: FAZ v. 13.08.

Steinbrück, Peer, 2012: Gleichgewichtsstörungen, in: Die Zeit v. 26.04.: 33.

Steinbrück, Peer, 2012: Unpolitisch aufs Scheitern fixiert, in: FAZ v. 24.05.

Steltzner, Holger, 2012: Die rote Linie, in: FAZ v. 27.03., 1.

Steltzner, Holger, 2012: In der Euro-Haftung, in: FAZ v. 30.06.

Stöss, Richard, 2006: Rechtsextreme Parteien in Europa, in: Niedermayer u. a., 521–563.

Streeck, Wolfgang, 1995: Politikverflechtung und Entscheidungslücke. Zum Verhältnis von zwischenstaatlichen Beziehungen und sozialen Interessen im europäischen Binnenmarkt, in: Bentele, Karl-Heinz u. a: Die Reformfähigkeit von Industriegesellschaften, Frankfurt a. M./New York 1995.

Sturm, Roland, 2010: Reform von Wahlsystem, Parlament und Kommunalverfassungen: Die Agenda der konservativ-liberaldemokratischen Koalition in Großbritannien, in: ZParl, 42 (4), 739–749.

Sturm, Roland/Pehle, Heinrich, 2005: Das neue deutsche Regierungssystem, Wiesbaden, 2. Aufl.

Szczerbiak, Aleks/Taggart, Paul (Hrsg.), 2008: Opposing Europe? The Comparative Party Politics of Euroscepticism, Oxford.

Taggart, Paul, 2002: Populism and the Pathology of Representative Politics, in: Mény/Surel, 62–80.

Tarchi, Marco, 2002: Populism Italian Style, in: Mény/Surel, 120–138.

The Economist, 2011: The People's Will. Democracy in California. Special Report, 23.04.

The Economist, 2001: Argentina's Economy: The Austerity Diet, 23.08.

Theurer, Marcus, 2012: Wie der Euro verschwinden könnte, in: FAZ v. 04.04., 13.

Theurer, Marcus, 2012: Die Stadt der bösen Banker, in: FAZ v. 04.08., 13.

Thränhardt, Dietrich, 1986: Geschichte der Bundesrepublik, Frankfurt a.m.

Töller, Annette Elisabeth, 2000: Der Beitrag der Komitologie zur politischen Steuerung in der europäischen Umweltpolitik, in: Grande/Jachtenfuchs, 313–342.

Tömmel, Ingeborg, 1994: Interessenartikulation und transnationale Politikkooperation, in: Eichener/Voelskow, 263–281.

Tömmel, Ingeborg, 2000: Jenseits von regulativ und distributiv: Policy-Making der EU und die Transformation von Staatlichkeit, in: Grande/Jachtenfuchs, 165–187.

Tömmel, Ingeborg, 2006: Die Reform der Strukturpolitik der EU – Eine Reform europäischer Governance? In: Kleinfeld, Ralf u. a. (Hrsg.): Regional Governance, Band 2, Göttingen.

Tömmel, Ingeborg, 2008: Governance und Policy-Making im Mehrebenensystem der EU, in: Tömmel 2008,13–35.

Tömmel, Ingeborg (Hrsg.), 2008: Die Europäische Union: Governance und Policy-Making, PVS-Sonderheft 40/2007, Wiesbaden.

Trefs, Matthias, 2010: Belgium, in: Nohlen/Stöver, 269–317.

Tudyka, Kurt P., 1971: Internationale Beziehungen, Stuttgart.

Vierlich-Jürcke, Katharina, 1998: Der Wirtschafts- und Sozialausschuss der Europäischen Gemeinschaften, Baden-Baden.

Vorländer, Hans, 2006: Deutungsmacht – Die Macht der Verfassungsgerichtsbarkeit, in: Vorländer, Hans (Hrsg.): Die Deutungsmacht der Verfassungsgerichtsbarkeit, Wiesbaden, 9–36.

Voßkuhle, Andreas, 2012: Über die Demokratie in Europa, in: APuZ, 13, 3–9.

Vossen, Koen, 2011: Vom konservativen Liberalen zum Nationalpopulisten, in: Wielenga/Hartleb 2011, 77–103.

Wagner, Wolfgang, 2008: Europäische Governance im Politikfeld Innere Sicherheit, in: Tömmel, 323–342.

Wagner, Wolfgang/Schlotter, Peter, 2006: Zwischen Multilateralismus und militärischer Zurückhaltung: die Sicherheits- und Verteidigungspolitik Deutschlands, in: Schmidt/Zohlnhöfer, 447–465.

Wagschal, Uwe, 2007: Direktdemokratie und europäische Integration, in: Freitag, Markus/Wagschal, Uwe (Hrsg.): Direkte Demokratie: Bestandsaufnahme und Wirkungen im internationalen Vergleich, Münster.

Wallace, Helen,1996: Die Dynamik des EU-Institutionengefüges: Jachtenfuchs/Kohler-Koch, 141–164.

Wallace, Helen/Hayes-Renshaw, Fiona, 1996: Ministerrat, in: Kohler-Koch/Woyke, 195–198.

Wallace, Helen/Wallace, William (Hrsg.), 2000: Policy Making in the European Union, Oxford, 4. Auf.

Walter, Nicole, 2010: http://www.netz-gegen-nazis.de/artikel/rechtsextreme-parteien-im-europäischen-parlament... (Stand: 30.09.10).

Walter, Norbert, 2001: Lamfalussy-Gruppe: europäische Wertpapiermärkte stärken, in: Deutsche Bank Research, Economics, 23.02.2001, 3.

Wamsley, Gary/Wolf, James F., 1996: Introduction: Can a High-Modern Project Find Happiness in a Postmodern Era? in: Wamsley, Gary/Wolf, James F. (Hrsg.): Refounding Democratic Public Administration, Thousand Oaks, 1–37.

Ware, Alan, 2002: The United States: Populism as Political Strategy, in: Mény/Surel, 101–119.

Weber, Max, 1976: Wirtschaft und Gesellschaft, Tübingen (Nachdruck der Erstausgabe von 1922).

Weede, Erich, 2012: Ein Vereinigtes Europa der Narren?, in: FAZ v. 03.02.

Weidenfeld, Werner, 2012: Die Krise als Chance. Europa neu denken, in: Österreichisches Jahrbuch für Politik 2011, Wien, 37–52.

Wessels, Wolfgang, 2009: Das politische System der Europäischen Union, in: Ismayr, 957–992.

Widfeldt, Anders, 2010: Sweden, in: Nohlen/Stöver 2010, 1841–1878.

Wieben, Anja, 2007: Ownership-Unbundling der Elektrizitätswirtschaft in Europa – eine vergleichende Policyanalyse der Länder Deutschland, Frankreich, Großbritannien und den Niederlanden, Universität Oldenburg, Magisterarbeit.

Wiegert, Michael, 2012: Der Beschwichtigungspäsident, in: FAZ v. 11.09.

Wielenga, Friso/Hartleb, Florian, 2011: Einleitung, in: Wielenga/Hartleb, 7–16.

Wielenga, Friso/Hartleb, Florian (Hrsg.), 2011: Populismus in der modernen Demokratie. Die Niederlande und Deutschland im Vergleich, Münster u. a., 7–16.

Winkler, Heinrich August, 2012: Vom Staatenbund zur Föderation, in: FAZ v. 13.06.

Wirsching, Andreas, 2012: Der große Preis, in: FAZ v. 12.09.

Wittke, Thomas, 2012: Datenspeicherung: Koalition tief gespalten, in: ST v. 27.04., 2.

Wolf, Dieter, 2006: Neo-Funktionalismus, in: Bieling, Hans-Jürgen/Lerch, Marika (Hrsg.): Theorien der europäischen Integration, Wiesbaden, 2. Aufl., 65–90.

Wollmann, Hellmut, 2011: Local Government, in: International Encyclopedia of Political Science, Sage Publications: 1–7 (http://sage-erefernce.com/view/intlpoliticalscience/n331.xml?rsk... (Stand: 06.12.2011)

Ziemer, Klaus/Matthes, Claudia, 2002: Das politische System Polens, in: Ismayr, 185–237.

Zotti, Stefan, 2012: Europäische Parteien und die Demokratisierung der EU. Auf dem Weg zu einem europäischen Parteiensystem, in: Österreichisches Jahrbuch für Politik 2011, Wien, 75–86.

Zürn, Michael/Wolf, Dieter, 2000: Europarecht und internationale Regime: Zu den Merkmalen von Recht jenseits des Nationalstaates, in: Grande/Jachtenfuchs, 113–140.

Index

www.ingramcontent.com/pod-product-compliance
Lightning Source LLC
Chambersburg PA
CBHW030850270326
41928CB00008B/1311